면접의 이론과 실제

면접의 이론과 실제

저자 소개

주경희는 서울대학교 국어교육학과에서 석·박사 학위를 받고 모교인 세종대학교 국어국문학과 교수로 재직 중이다. 이 책에서는 효과적으로 말하고 쓰는 한국어의 사용 원리와 관련지어 면접의 기법을 설명하고 있다. 그간 면접은 주로 기법(테크닉) 중심으로 실무적인 면에 중점을 두고 기술되어 왔다. 그러나 이론 없는 기법은 모래 위에 쌓는 집과 같을 수 있다. 실제적인 능력을 향상시키기 위해서는 일관된 이론에 근거한 기법이 제시되어야 한다.

    면접은 면접관과 면접자 간의 질문과 대답으로 이루어지므로 면접관과 면접자 각각의 입장에서 기술되어야 한다. 이에 필자는 이미 『면접관을 위한 면접 가이드』라는 책에서 면접관의 입장에서 면접 기법에 대해 설명한 바 있다. 이 책은 면접자를 대상으로 하여 의사소통 이론에 근거하여 면접에 대한 것을 논의하였다.

면접의 이론과 실제

ⓒ 주경희 2012

초판1쇄 발행 2012년 2월 28일
초판2쇄 발행 2013년 2월 20일

지 은 이 주경희
펴 낸 이 이대현
펴 낸 곳 도서출판 역락

책임편집 이태곤
편　　집 안혜진 권분옥 이소희 박선주 임애정
디 자 인 이홍주
마 케 팅 박태훈 안현진 이상만
관　　리 이덕성

주　　소 서울시 서초구 반포4동 577-25 문창빌딩 2층(137-807)
전　　화 02-3409-2055(대표), 2058(영업), 2060(편집)
팩　　스 02-3409-2059
전자메일 youkrack@hanmail.net
등록번호 등록 1999년 4월 19일 제303-2002-000014호

ISBN 978-89-5556-971-1 93320

정 가 12,000원

면접의 이론과 실제

주경희 지음

역락

책의 집필 동기

국어국문학과에 대한 편견을 가진 사람들이 많다. 실례를 들면 국문과 학생들은 예의가 바르며, 한국의 전통적인 것에 대해 잘 알고 있으며, 시나 소설을 잘 쓸 것이라고 생각하는 것 등이 그것이다. 아마도 중·고등학교 시절의 국어 과목에서 받은 인상 때문이 아닌가 싶다.

국어국문학과 교수라고 소개하면 '시(소설)를 잘 쓰시겠네요.'라는 반응(나는 문학이 아닌 국어학 전공), 아이 이름 지어 달라는 엉뚱한 요청(내 아이 이름도 애들 큰아버지가 지었음), 다급하게 제사상에서의 과일의 위치를 묻거나 한복 입는 방법(나는 제사 지내본 적도 없고, 결혼식 이후 한복 입어본 적도 없음)에 대한 엉뚱한 질문들도 이러한 국문과에 대한 편견이 있음을 잘 나타내 준다.

나는 이런 질문에 대해 '저는 문학 전공이 아닙니다.' 혹은 '잘 모르겠습니다.'라고 답을 한다. 그러나 마음은 편하지 않다.

그런데 이러한 요청이나 질문 중에서 쉽게 떨쳐버리지 못하는, 참으로 애매한 것이 자기소개서를 비롯한 면접에 관련한 것들이다. 이는 내 전공이 아니라고 발뺌하기에는 왠지 그렇고, 전공이라고 하면서 전문가처럼 행세하기도 어렵다.

이 애매함 때문에 곤란했던 적이 여러 번 있었다. 그래서 면접 관련한 것들을 내 전공과 관련지어 보고자 했다.

나는 국어학을 전공한다. 국어학이란 한국어(국어)를 학문적으로 연구하는 것이다. 국어학 중에서는 한국어의 효율적인 사용에 관심을 둔 분야도 있다(화용론, 담화 분석론). 그리고 사용 원리를 구축해서 이것을 국어 교육의 쓰기나 말하기에서 활용한다(국어교육학).
면접에서의 말하기나 자기소개서 등은 면접 상황에서 한국어로 말하기, 한국어로 쓰기와 관련된 것이다. 고로 내 전공과 관련이 있고 여러 질문에 책임감 있고 성실하게 대답을 해 주어야 한다.

그러나 석·박사 과정을 통틀어서 이와 관련한 혹은 조금이라도 유사한 과목을 공부한 적이 없다. 그래서 면접 관련 책을 모으기 시작했다. 연구년에 미국에 가서는 인터뷰라는 글자가 들어간 책은 무조건 샀다. 정리를 하는 과정에 실무적인 면접의 특성상 인사 담당자들의 한마디가 더 효과적인 것도 많아 기가 죽기도 했다. 그러나 시간이 흐르면서 면접에 필요한 기법을 일정한 원리에 의해서 설명할 수 있다는 생각이 들었다. 그리고 이렇게 일관된 이론에 근거한 기법 제시만이 실제 능력을 향상 시킬 수 있기에 자신감도 생겼다.

세종대학교에서 학생들의 요청으로 교양과목인 면접 화법이라는 과목을 개설하였다. 앞에 말한 것처럼 대학원 전공 연구에서 직접적으로 다루지 않은 것이어서 담당할 강사 선생님들과 면접에 대한 공부를 해야만 했다. 교재를 만들기 위해 직접 가르치기도 하였다.
이 과정에서 전공 학생들에게 국어학을 가르치는 것과 색다른 면에서의 보람과 재미가 있었다. 그렇다. 분명 실제 생활에 필요한 것들을 가르치는 기분은 이루 말할 수 없는 것이었다. 다른 과 학생들을 만나는 기쁨도 컸다.

　　선생님 수업 시간에 배운 자기소개서 작성 방법대로 써서 제출했더니 붙었어요.
　　면접에서 선생님께서 가르쳐 주신 대로 대답하고 박수도 받았어요.
　　아, 왜 제가 자꾸 면접에서 떨어지는 지 이제 알았어요.

　　가르친 결과를 바로 볼 수 있는 이 과목이 재미있어 면접 관련 책을 쓰게 되었다. 많은 사람들의 도움이 있었지만 마음으로 간직한다.

2012년 2월
주경희

contents

제 1 장

들어가기

제 1 장
들어가기

이 장에서는 이 책 내용의 전반적인 방향을 제시한다. 의사소통 이론에 근거하여 면접의 개념을 설정하고, 그에 따라 실제 면접에 임하는 방법에 대해 설명하려고 한 이 책의 구성 방법을 개략적으로 살펴본다.

[1] 의사소통 이론과 면접

의사소통 이론이란 표현과 이해에 대해 설명하는 이론이다. 좀 더 자세히 설명하면 **상황**에 적절하게 나의 생각을 잘 **표현**하고, 상대방의 생각을 잘 **이해**하는 과정에 대해 논의하는 것이다.

면접은 다양한 의사소통 유형 중의 하나이다. 그러므로 면접 역시 의사소통 이론에 근거하여 설명할 수 있다.

그것은 면접(주로 취업면접)에서의 표현 방법과 이해 방법에 대해 기술하고 이를 실제 면접에 임하는 기법으로 구체화하는 것이다. '면접하기(interviewing)'라는 활동에서 이론적 근거가 필요한 것은 면접에서의 말하기는 순간적인 재치나 선천적인 말솜씨만으로 해결할 수 없기 때문이다.

'면접에 임해서는 이렇게 해야 한다'라고 주장할 수는 있지만 이를 면접자가 실제 적용하기가 매우 어렵다. 아래 제시하는 주장은 어타의 면접 안내 글에서 많이 볼 수 있는 것이다. 그러나 실제로 이를 행동으로 옮기기란 쉽지 않다.

> ‣ 막연하거나 진부한 표현을 사용하지 않는다
> ‣ 자신의 경험을 바탕으로 구체적으로 이야기하되 이미 이루어 낸 성과를 자랑하기보다는 앞으로 이루어 낼 수 있는 가능성에 초점을 맞추어서 말하라
> ‣ 예의를 벗어나지 않는 한에서 기발한 시도나 유머를 곁들여서 말하도록 한다
> ‣ 철밥통을 연상케 하는 답변이나 안정적 봉급체계 등에 대한 질문은 하지 않는다

위에 지시하는 방법대로 면접에 임할 수만 있다면 얼마나 좋을까? 그러나 실상은 그렇지 않다. 이는 다음과 같은 의문을 제기하면서 스스로 답해보면 알 수 있다.

'막연하거나 진부한 표현'이 무엇인가? 그리고 그것을 사용하면 안 되는 이유는 무엇일까? 왜 과거의 경험만을 얘기하면 안 되는 것일까?

위에 제시한 질문에 분명하게 대답하기 어렵다는 것은 그만큼 위와 같은 주장이 추상적이라는 것을 뜻한다. 면접은 '실제로 면접관과 마주하여 질문에 대답하는 행위'이다. 그러므로 추상적인 주장을 기억하는 것만으로는 실제적인 행위를 할 수 없다. 마치 축구공을 잘 차는 방법을 아는 것만으로는 축구를 잘할 수 없는 것과 같다. 혹은 규칙에 대한 이해나 이론적 근거 없이 축구공만 차는 것과도 같다. 축구를 잘하려면 이론에 기초한 끊임없는 연습이 필요하다.

어느 책에서도 말했듯이 이론에 근거하지 않은 경험 중심의 기법 제시는 실이 없는 바늘과 유사하다. 즉 바늘만으로는 크게 효용성이 없다. 바늘(기법)은 실(이론)과 함께 있을 때 제 역할을 할 수 있다. 바늘만으로는 실제로 옷을 꿰매는 데 도움을 줄 수 없다.

그러므로 실제 면접에서 '막연하거나 진부한 표현을 사용하지 말자'라고 수십 번 되뇌어도 결국은 다음과 같이 대답하기가 매우 쉽다.

(1)

"열심히 하겠습니다."

"네."

"그렇다고 생각합니다."

"평범한 가정에서 자랐습니다."

"성격은 원만합니다."

(1)은 그야말로 막연하고 진부한 표현들이다. 아무리 막연하고 진부한 표현을 쓰지 않으려고 노력해도 이러한 표현을 쓸 수밖에 없는 것은 위와 같은 기법들을 '어떻게', '왜'와 함께 체계적 이론으로 설명하지 못하기 때문이다.

특정 주장을 '왜', '어떻게', '언제' 등처럼 구체화시키기 위해서는 분명한 이론적 근거에서 출발해야 한다. 그런데 아쉽게도 면접에서의 언어 사용법에 대한 학문적 논의는 많지 않은 편이다.

이에 따라 학문적 이론에 근거한 면접의 실제에 관한 논의 역시 많지 않다. 면접에 관한 책에서 대개 단편적이고 피상적인 기법 중심으로 제시하는 이유도 이런 학문적 배경의 부족함에서 찾을 수 있다.

> ‣ 아침에 일어나서 긴장을 풀려고 하지 않는다
> ‣ 거울을 보면서 자신의 베스트 표정을 확인한다

‣ 최고의 면접을 이미지 트레이닝한다
‣ 면접 1시간 전까지 회사에서 가장 가까운 역에 도착하라
‣ 면접관과 웃음을 공유한다
‣ 첫인상으로 끝까지 일관하려고 하지 않는다
‣ 면접관이 아래를 보며 기입하고 있을 때가 찬스이다
‣ 발언이 끝날 때에 "이상입니다"로 끊는 느낌을 주어라
‣ 당연한 것은 말하지 않는다
‣ 결론부터 전한다

위에 든 예들을 실제 면접 상황에서 어떻게 '써 먹을 수 있을까' 하는 문제는 생각만큼 쉬운 일이 아니다. 그러나 이들 주장을 이론에 근거하여 기술한다면 보다 쉽게 활용할 수 있을 것이다.

그것은 '의사소통 이론'에 근거하여 설명하는 것이다. 왜냐하면 면접이란 일상의 의사소통 즉 말하기의 한 유형이기 때문이다. 이제 '막연하고 진부한 표현을 사용해서 안 되는 이유'를 이 이론에 근거하여 설명하자.

의사소통 이론에서는 어떻게 하면 '보다 효율적으로 나의 생각을 표현할 것인가'에 관심을 갖는다. 이를 위해서는 '내가' '지금' '누구' 와 '무슨 목적'으로 '왜' 말을 하는가를 고려해야만 한다.

　이런 관점에서 보면 나의 생각을 표현하는 데 늘 반복되는 말, 남과 구별되지 않는 말을 한다면 상대방에게 지루함을 줄 것이다. 마치 직업이 군인이라고 해서 일상에서도 군대에서처럼 "자, 17시 50분까지 거실에 집합합니다. 이상." 이렇게 말하면 얼마나 우스꽝스러울까?

　'나는 너를 사랑한다'는 표현을 보다 신선하고 새롭게 하기 위해 애쓰는 연인들을 떠올리면 이것을 쉽게 이해할 수 있을 것이다. 왜 그들은 보다 새로운 표현을 위해 노력할까? 상대방에게 감동을 주기 위해서이다. 오래 기억하고 싶기 때문이다. 자신들의 사랑은 남과 다른 무엇이 있다고 여기기 때문이다.

　바로 이것이다. 면접관들에게 감동을 주기 위해서는 남들과 다른 방법으로 해야 한다. 면접관은 이미 수많은 면접자를 대하고 있다. 모든 면접자들이 동일한 방법으로, 거의 동일한 내용의 말을 한다면 면접관에게 새로운 인상을 주기 어렵다. 면접자 자신에 대한 분명하고 차별화된 인상을 주어야 한다.

　이를 위해 면접자는 항상 구체적인 대답을 해야 한다. 구체적 대답이란 면접자가 감정, 경험, 생각을 양적으로(숫자 등으로) 표현할 수 있는 것을 뜻한다. 직접적이고 현장성 있는 대답도 막연하고 진부한 표현에서 벗어날 수 있게 한다. 현장성 있는 대답이란 '지금 여기'에 관한 것으로 과거의 경험과 현재의 일을 관련짓는 것이다.

면접자의 대답은 항상 '지금 여기'에 초점을 두어야 한다. 자신의 과거의 경험을 지금, 현재 면접을 보는 회사와 관련해서 설명해야 한다. 좋은 대답이 되려면 전직 직장이나 아르바이트에서의 경험을 현재 취업하고자 하는 직장과 관련지어야 한다.

지원자의 강점이나 성격 등을 예를 들면서 구체적으로 이야기해야 한다. 그리고 면접자 자신의 과거사보다는 현재의 상황, 생각 등에 중점을 두어야 한다. 취업 면접에서의 객관성, 타당성, 신뢰도 등을 생각한다면 그 질문과 대답이 모두 취업과 관련된 것으로 해석해야 한다.

면접자가 자기소개를 할 때 어디 출생이고, 어느 학교를 다녔었고, 어느 직장에서 일했다는 것은 너무 평범하고 특색이 없다. 한마디로 진부한 대답이라서 면접관의 기억에 남을 거리가 별로 없다.

구체적인 직장 근무 경험과 아울러 지원자가 근무를 하면서 어느 분야에 관심과 중점을 두고 근무하였으며, 어느 분야에서 두각을 나타냈었는지를 간략하게 잘 정리하여 대답해야 한다.

면접자는 자신에게 대답의 기회가 왔을 때 자신의 모든 능력과 위상을 면접관에게 알려야 한다. 이런 기준에서 볼 때 16쪽의 (1)보다는 다음에 제시하는 (2)의 예문이 보다 구체적인 대답이라고 할 수 있다.

(2) 재미있게 하겠습니다. 정말 제가 하고 싶은 일을 하는 것이기 때문에 일의 양이 많더라도 재미있게 할 것 같습니다. 그리고 그 일을 통해 회사에 이익을 내도록 노력하겠습니다.

의사소통 이론은 표현만이 아니라 면접관의 말을 이해하는 데도 적용할 수 있다. 면접관의 질문 역시 면접 상황에 맞게 효율적으로 해석하는 것이다.

(3) 어, 이런, 성적이 매우 나쁜데?

위와 같은 면접관의 질문을 이해하는 방법에 따라 면접자의 대답(표현)도 달라질 것이다. 만약 면접관의 위와 같은 말을 '성적이 나쁜데도 불구하고 지원한 너의 또 다른 장점을 말해 보라'는 의미로 해석한다면 기분 나빠하기보다는 새로운 입장에서 자신의 장점을 말할 수 있을 것이다.

이처럼 표현과 이해 과정을 설명하는 의사소통 이론을 면접에 적용할 수 있다. 즉 면접에서의 대답 방법(표현) 혹은 질문의 해석 방법(이해)에 대해 구체적인 근거와 방법을 제시할 수 있다. 이러한 점에서 면접은 몇 개의 스킬(skill)이나 경험담 혹은 몇 시간의 연습으로 해결할 수 있는 것이 아니라는 것을 알 수 있다.

그러므로 이 책은 의사소통 이론을 설명하고 이에 근거하여 면접이라는 상황에 작용하는 것을 목표로 한다.

[2] 현대 사회와 면접

현대 사회에서의 면접의 중요성은 새삼 강조할 필요가 없다. 이제 면접은 입학이나 취업 등에서 단지 거쳐 지나가는 요식 행위가 아니라 당락을 결정하는 중요한 요소가 되었다. 이에 따라 면접을 잘할 수 있는 방법에 많은 관심을 두게 되었다.

입사시험이나 입학시험에서 면접을 중요하게 여긴다는 것은 서류 혹은 시험 성적으로 판단할 수 없는 무엇인가를 파악하려고 하는 것이다. 그 무엇인가는 아마도 '진취력', '리더십', '의사소통 능력', '열정', '상황 판단 능력', '적응력' 등과 같은 것이라 할 수 있다.

많은 인사담당자들은 면접자들에게 신문을 보라고 강조하는데 이것은 바로 위와 같은 능력이 신문을 통해 길러지기 때문이다. 신문에는 특정 사안에 대한 서로 다른 주장이 있다. 그리고 또한 시대를 이끌어가는 힘(트렌드)을 알 수 있다.

이처럼 신문을 통해 동일 사건에 대한 서로 다른 주장들을 정리하면서 상황 판단력이나 세상에 대한 지식을 얻을 수 있기 때문에 신문을 읽으라고 권유하는 것이다. 이는 면접은 준비할 수 있다는 것 혹은 준비를 해야 한다는 것을 의미한다.

　비록 소위 스펙이라고 하는 것이 부족하더라도 내가 경험한 것들, 내가 어려움을 겪은 것들을 보다 잘 표현할 수 있다면, 그런 것을 인내심이나 상황 판단력과 관련지을 수가 있다면 그 어떤 스펙보다도 나을 수 있다. 이를 위해서는 자신이 삶을 바라보는 자세가 확고해야 한다. 그리고 세상의 흐름을 빨리 파악해야 한다.

　다음 제시하는 예를 읽어보자. '스펙이 면접의 성패를 좌우하는가?', '면접자가 합격한 이유가 무엇인가?', '정말 면접관이 바라는 것은 무엇인가?' 등에 대해 생각해보자.

　　(4)
　증권사에 최연소 CEO를 했던 어떤 분이 있어요. 이 분이 직원들을 면접하는 이야기를 듣고 제가 무릎을 쳤습니다. 어떤 이야기를 하냐 하면, 직원 면접을 해보면요, 그야말로 스펙이 화려하답니다. 요즘은 토익 900점 밑으론 구경도 못 하구요, 토익 900점 맞았다고 재수해서 940점 맞아서 온 사람도 있답니다.
　그런데, 말을 들어보면 모든 사람이 천편일률적이더라는 겁니다. 그중에 그나마 천편일률이라도 하는 사람은 괜찮은데, 진짜 미운사람, 즉 떨어뜨리고 싶은 사람은 누구냐면 연수 경력, 어디 해외연수 1년씩 체류 경력, 이런 걸 써놓고 그나마 그만큼도 못하는 사람은 밉데요. 왜냐하면 부모 등골 빼먹는 사람 아니냐고. 그 돈 들여서 시간 들여서 가서, 그것마저도 못했다면, 뭐하려고 그 짓을 했느냐, 당신 생각이 있는 사람이냐고. 이런 생각이 들더라는 겁니다.

그런데 이 양반이 제일 먼저 합격시킨 수험자가 자리에 앉아서 이렇게 말하더랍니다.

"저는 토익 성적도 나쁘고, 영어도 네이티브처럼 안 되고, 영어 울렁증이 있습니다."
라고 하더래요. 그거는 직장 다니기 싫다는 얘기죠. 그런데 이렇게 말하더랍니다.

"저는 잘 모르지만, 증권사가 해외 외국인을 상대하는 부서가 몇 군데나 있습니까. 그 외의 부서에 가게 되면 그것은 누구보다 열심히 할 자신이 있습니다."

하나도 틀린 말이 아니잖아요. 그래서 면접 1등으로 갔답니다. 그래서 그분이 이 어려운 200:1의 경쟁을 뚫고 취업이 된 다음에 지금 최고의 실적을 올리는 영업사원이 되었답니다.

(MBC 특별기획 '일자리가 미래다 3부', 2009-02-21 방송분)

위와 같은 글을 읽으면서 면접이 무엇이란 생각이 드는가? 면접이란 '다른 사람과 다른 나'를 보이는 것이라는 정의를 내려보면 어떨까.

남들 다하는 것 말고 내가 가진 무엇을 보여 주려면 어떻게 해야 할까? 취업할 회사에 대해서, 철저히 준비해야 한다. 그 회사에서 바라는 인재상에 대해서 조사하고 자신의 경험을 그와 비교하면서 부족한 부분은 채워 나가야 한다.

　면접은 오직 질문과 대답으로만 이루어지는 담화 형태라는 점에서 다른 유형의 담화와 구별된다. 앞에서도 언급하였지만 서류상으로는 파악할 수 없는 능력을 보고자 하는 것이 면접이다.

　현대와 같은 정보화 시대에는 내 머릿속에 든 정보보다도 정보를 잘 모으고 그것을 상대방에게 설득하고 화합시키는 능력을 가진 인재를 필요로 한다. 따라서 면접에서 이러한 점에 중점을 두고 대답해야 한다. 예를 들어 설명하자.

　아래 제시하는 (5)와 같은 질문이 일상에서의 말하기(잡담)에서 나오는 것이라면 나에게 술을 주기 위한 것으로 해석 가능하여 (5-ㄱ, ㄴ)의 대답이 가능하다.

　　(5) "술 좋아하는가?"
　　　ㄱ. "술 좋아합니다."
　　　ㄴ. "술 없이 못 살지요."

　그러나 면접에서 (5)와 같은 질문은 술과 관련된 면접자의 '자제력' 혹은 '술에 대한 관심' 등을 보기 위한 것으로 해석해야 한다.

　따라서 (5-ㄱ, ㄴ)와 같은 대답은 이러한 의도를 올바로 해석한 것이 아니다. (6)이 보다 적절하다.

> (6) ㄱ. "술을 조금 먹지만 언제 어느 상황에서도 정신을 잃거나
>   술주정을 한 적이 없습니다."
>   ㄴ. "각종 술을 냄새만으로도 구별할 수 있습니다."
>   (술 제조회사에 지원했을 경우)

이처럼 면접에서의 질문과 대답은 일상의 말하기와는 다른 점이 있다. 동일한 질문이라도 면접이라는 상황을 고려하여 해석하고, 이에 맞게 표현해야 한다. 이것이 7장에서 논의할 부호화(encoding) 그리고 해석(decoding)이다.

어투를 가볍게 하거나 애교를 피우거나 혹은 이상한 표정을 지으면서 말하면 안 된다. 때로는 '예, 아니요'로 묻는 질문이라도 면접관에게 강한 인상을 심어 주기 위해 대답 방법도 개발할 필요가 있다. 이것이 4, 5, 6장에서 논의할 '첫인상', '말하기 분석' 및 '말하기 연습'과 관련된다.

면접자의 대답은 면접관의 이어지는 질문을 유도할 수도 있다는 점에서 면접자가 면접을 이끌어 낼 수도 있다. 고향을 묻는 질문에 대한 다음과 같은 대답을 생각해보자. (7)과 같은 대답에 면접관은 다음과 같은 질문으로 이어질 것이다.

(7) "예, 제 고향은 바로 이 회사의 창업자가 태어나신 ○○입니다."

"조사 많이 했네."

"네, 정말 이 회사에 들어오고 싶어서 준비 많이 했습니다."

면접에서 면접관이 면접을 이끌어간다고 생각한다. 물론 맞는 말이다. 그러나 (7)과 같은 예를 보면 면접자가 이끌어 갈 수도 있다는 것을 알 수 있다. 이것이 8장과 9장에서 논의할 내용이다.

그러므로 면접자는 대답 전략을 세워야 한다. 이를 위해서는 자기가 입사할 회사에 대해 철저하게 조사할 필요가 있다. 대답 하나 하나가 그저 생각나는 대로 하는 것이 아니라 미리 사전에 조사한 내용에 근거하여 이루어져야 한다. 면접은 철저한 준비 아래 임해야 하는 이유가 여기에 있다.

[4] 의사소통 이론의 면접에의 적용

의사소통 이론에서 면접은 '평가를 위해 면접관의 질문과 면접자의 대답으로 이루어지는 말하기'라고 정의할 수 있다. 특정 이론에 근거하지 않는다면 면접의 개념은 다양한 입장에서 설정할 수 있다.

· "면접은 '자기 PR'이다."

위와 같은 개념으로는 면접에서 일방적으로 자기 자랑만 하고 나오기 십상이다. 그러나 결과는 뻔할 것이다. 면접은 자기 자랑이 아닌 자신의 능력을 보여주어야 하기 때문이다.

의사소통의 관점에서 면접이란 '취업이나 입학 등 평가를 위해 면접관과 면접자의 질문과 대답으로 이루어지는 것'으로 정의할 수 있다. 이러한 정의에서 면접 상황 즉 면접관의 모든 질문이 그냥 일상의 것이 아니라 취업에 필요한 능력을 묻는 것이라고 유추할 수 있다.

다시 말해 면접에서의 질문은 면접자의 능력을 이끌어 내는 데에 목표를 둔다는 점에서 다른 말하기와 구별된다. 이러한 정의를 고려하면 면접에서 어떤 대답이라도 '면접자의 능력'을 나타내는 것이어야 한다.

이처럼 의사소통 이론에서부터 출발하면 면접이라는 '상황'에서 질문을 올바로 해석하고, 그에 적절하고 효율적인 대답을 구성하는 것에 대해 일관성 있게 설명할 수 있다. 이제 그것을 예로 들어 설명하자.

대화 방법을 설명하는 대표적인 것으로 Grice의 대화의 격률을 들 수 있다.

그라이스(Grice)는 자연스러운 대화, 협력적인 대화가 이루어지기 위한 질의 격률, 양의 격률, 관련성의 격률, 태도의 격률 등을 제시하였다. 이들 격률을 면접 상황에 적용시켜 생각해 보도록 하겠다.

질의 격률(the maxim of quality)

- ‣ 진실된 기여가 되도록 노력하라.
- ‣ 거짓이라고 믿는 것을 말하지 마라.
- ‣ 적절한 증거가 없는 것을 말하지 마라.

질의 격률을 면접에 적용하여 보자. 면접에서 진실을 말하고 있는 가? 다른 사람의 이야기를 마치 내 이야기처럼 하고 있는 것은 아닌 가? 자신이 가진 이야기를 사실에 근거하여 말하기 위해서는 자기 자신을 충분히 뒤돌아 볼 수 있어야 한다. 자신에 대한 진지한 고민과 삶을 뒤돌아 본 후 자기만이 가진 진실한 이야기를 할 수 있어야 한다. 자신만의 이야기를 찾고 진실되게 이야기해야 한다.

양의 격률(the maxim of quantity)

- ‣ 진행되는 대화 목적을 위해 필요한 만큼의 정보만 제공하라.
- ‣ 필요 이상의 정보를 제공하지 마라.

'양의 격률'을 지키지 않으면 "같은 이야기를 뭐 저렇게 반복해… 지루해서 못 듣겠군!"이라는 평가를 받기 쉽다. 짧은 시간에 자신을 나타내기 위해서는 양의 격률을 지켜야 한다. 주어진 시간 지원자의 면면을 하나 하나 꼼꼼히 살펴봐야 하는 면접관들은 반복된 지루한 이야기에는 관심을 두지 않는다. 그들은 알고 싶은 대답까지만 귀가 열려 있다. 그러므로 면접자는 필요한 양만큼만 대답하는 것이 좋다.

관련성의 격률(the maxim of relevance)
‣ 관련성을 지녀라.

흔히 한 귀로 듣고 한 귀로 흘린다고 말한다. 들을 필요가 없는 이야기일 경우 우리는 한 귀로 한 귀로 흘린다. 면접관의 질문 의도를 파악하여 질문에 담긴 의도를 파악하고 그와 관련된 이야기를 해야 하는 것이 면접에서 질문과 대답의 원리이다. 다른 격률도 마찬가지이지만 '관련성의 격률'은 면접에서 반드시 지켜야만 하는 것이다. 이 격률을 적용하면 면접에서의 모든 대답은 지원한 회사에서의 업무와 관련된 것으로 해야 한다.

태도의 격률
‣ 모호성을 피하라.
‣ 중의성을 피하라.
‣ 간결하게 말하라.
‣ 논리정연하게 말하라.

면접에서 '태도의 격률'을 적용하면 다음과 같다. 먼저 간결하게 이해하게 쉽게 말해야 한다. 머릿속으로 이야기를 순서를 정하고 그에 맞게 논리적으로 말해야 한다. 그리고 의미가 분명하지 않거나 두 가지 이상의 의미를 가진 어휘를 사용하지 않도록 해야 한다.

태도의 격률을 지키지 않으면 면접관은 "좀 더 분명하게 말하세요.", "그게 무슨 뜻입니까?"라고 말하기 쉽다.

지금까지 Grace의 대화의 격률을 대답 방법과 관련지어 보았다. 이는 면접의 대답에 아주 필요한 것임을 알 수 있다. 이처럼 면접은 의사소통 이론으로 설명이 가능하다.

이러한 관점에서 이 책은 다음과 같은 순서로 이루어진다.

첫째, 취업에 합격한 사람의 글을 소개한다. 이를 읽으면서 면접이 무엇인가를 생각하게 한다(2장).

둘째, 면접의 개념 정의를 내린다. 앞에서 설명한 것처럼 의사소통의 이론에 근거하여 면접의 개념과 특성을 설명한다. 이러한 이론적 고찰에 근거하여 면접의 실제와 관련되면서 이론과 실제를 관련짓는다(3장).

셋째, 면접의 당락은 첫인상에 의해 결정되므로 첫인상을 좋게 하는 언어적·비언어적 표현 방법에 대해 배운다(4장).

넷째, 나의 말하기 방법을 분석해 본다. 녹음기, 동영상 촬영 등을 통해 언어적 표현과 비언어적 표현에서 드러나는 나의 말하기 방법을 분석한다(5장).

다섯째, 커뮤니케이션 피트니스 센터에 등록하여 나의 말하기 습관을 점검한다(6장).

여섯째, 면접에서 질문의 해석 방법과 대답의 표현 방법에 대해 배운다. 면접이라는 상황에 적절한 질문의 해석 방법과 대답의 이해 방법을 부호화(encoding)와 해석(decoding)의 원리와 관련하여 배운다(7장).

일곱째, 질문의 의도를 올바로 이해하고 이에 맞는 대답 방법에 대해 배운다(8장).

여덟째, 스토리텔링을 이용한 대답 방법을 배운다. 이러한 스토리텔링은 자기소개서 작성 등에도 도움을 줄 수 있다(9장).

아홉째, 자기소개서 작성 방법에 대해 배운다(10장).

마지막으로 부록에 고사성어를 넣었다. 고사성어를 이용한 자기소개서나 면접에서의 대답하기는 굉장히 '있어' 보인다. 적절하게 고사성어를 활용해 보기를 바라는 마음에서 삽입하였다.

➡ **가장 어려웠던 시절을 이야기해 보세요.**

네 저는 집이 가난해서 학교에 다니기 어려운 시절이 있었습니다. 그러나 螢雪之功(형설지공)을 생각하며 열심히 노력하였습니다. 명주주머니에 반딧불을 담아 그 불빛에 공부를 한 선비를 기억하면서 하루 네 시간이상 자지 않았습니다. 주경야독(晝耕夜讀)한 옛 선비들처럼 아르바이트와 학교 다니는 것을 동시에 열심히 잘했습니다.

　　나 자신을 소개하라면 한마디로 刮目相對(괄목상대)라고 할 수 있다. 나는 중학교, 고등학교, 대학교를 거치는 동안 점점 성적이 좋아지고 있다. 예전의 친구들은 나를 보면 '괄목상대' 한다. 이런 추세로 나아가면 회사에서는 정말 더 최고의 능력을 보일 수 있으리라 여겨진다.

　　자기소개서를 작성하거나 대답 준비를 하면서 적절한 어휘나 내용이 떠오르지 않을 때 부록 부분을 살펴보기 바란다. 많은 아이디어를 얻을 수 있을 것이다. 그리고 그것을 문맥에 맞게 적절하게 사용하면 많은 효과를 얻을 수 있을 것이다.

취업 수기를 통해 본 면접 과정

제 2 장

취업 수기를
통해 본 면접 과정

다음은 어느 졸업생의 취업 수기이다. 아래 주어진 내용을 읽으면서 면접이 무엇이며, 무엇을 어떻게 준비해야 하는지에 대해 생각해 보기로 한다.

취업자 정보를 제시하면 다음과 같다.

인문학부 졸업 / 3.7 / 토익 915 / 한자 2급 / 교육 관련 공기업 인턴 6개월 / 기타 자격증 및 봉사활동 경력 없음 / 성적 장학금 3학기 수여

거의 60군데를 지원하여 필기 및 인·적성 통과는 9군데, 1차 면접 통과는 5군데, 2차 면접 통과, 4군데 최종 합격, 현재는 서울 소재 대학 교직원으로 근무 중임.

　　대학에 입학해서 군 입대 전 2년간 엄청 놀았습니다. 성적은 2점대 초반… 나름 선방한 것이라고 하지만 솔직히 학점은 형편없었습니다. 역시 군대를 다녀오니 정신을 차리게 되더군요. 열심히 공부해서 군 전역 후 계속 성적장학금 받으면서 다녔습니다. 그렇게 만든 성적이 4학년 1학기까지 3.7(취업이력서 작성 성적), 4학년 2학기까지 학점을 조금이라도 더 끌어올리겠단 생각에 15학점 신청해서 4.5(정말 받고 싶었는데 4학년 2학기에 받았네요. 1등해서 전액 장학금 받아보고 싶었는데…) 받고, 최종 학점 3.79로 마무리 했습니다.

　　4학년 1학기에 휴학을 했습니다. 정말 대학 재학 중이라는 것 외에는 아무것도 없던 상태였기에 가장 먼저 누구나 딴다는 한자와 토익을 공부했습니다. 8월부터 한자 2급 속성(1달 완성)과 토익을 같이 시작했습니다. 열심히 해서 9월에 한자 검정회, 진흥회 2급 두 개 다 따고(공부한 것이 아까워서 그냥 두 개 다 봤습니다), 9월에 생애 첫 토익을 보게 됩니다. 8월에는 한자에 전념했고, 토익을 본 경험이 없어서 몇 점이나 나올지 궁금했는데, 700점대가 나오더군요. '열심히 하면 되겠구나'라는 생각에 10월 토익을 봤는데 또 700점대. 오히려 점수가 떨어지더군요. 충격 먹었습니다. 그 이후에 매일 5시에 일어나서 1시간 단어 외우고 학원가서 수업 듣고, 숙제하고 공부하고 암튼 하루 종일 토익만 했습니다. 5시부터 12시, 1시까지요. 915점을 확인하고 토익을 끝냈습니다.

그리고 2월부터 인턴을 시작했습니다. 6개월 동안 근무하면서 진짜 출장도 많이 다녔습니다. 무슨 인턴한테 이런 일을 시키냐 싶을 정도로 전국을 돌았습니다. 6개월 근무 중 4개월은 지방에 있었다고 해도 진짜 과언이 아닙니다. 재미있었고, 모르는 곳에 혼자 간다는 것도 설레는 일이라 생각하고 즐겁게 일했습니다.

제가 했던 인턴은 행정인턴, 채용 전제 인턴 둘 다 아니고 진짜 딱 그냥 인턴이었습니다. 인턴 끝나고 공채 지원했으나 서류 탈락. 다들 석·박사가 많고, 아무튼 어려울 것이라 생각했지만 역시 바로 떨어졌죠.

그렇게 1년간의 휴학생활을 마치고 그 다음 해에 본격적인 구직활동을 시작합니다. 이 사이에 취업 면접 화법이라는 과목을 듣게 됩니다. 이 과목을 통해 면접이 대충 무엇인지 알 수 있었고 면접을 위해서는 정말 많은 준비를 해야 한다는 것을 알 수 있었습니다.

비교적 공채 시즌 초반에 썼던 이력서가 두 개 모두 합격하면서, 솔직히 취업 쉽네,라고 생각했습니다. 자만했죠. 건방졌습니다. 하지만 심화서류(한자 이력서 및 자기소개서), 인·적성에서 탈락하면서 '이러다 취업 못하겠구나'라는 생각으로 본격적으로 원서를 넣기 시작했습니다.

하지만 많이 쓴 것에 비해 서류 통과조차도 힘들더군요. 스펙도 경력도 없기에… 간간히 공기업 및 기관에 서류통과로 필기를 보러 갔지만 역시 준비가 없는 상태에서의 필기전형도 결과는 마찬가지였습니다.

그러다가 안 되겠다 싶어 직무를 영업으로 바꿨습니다. 그 전에는 인사, 경영지원, 총무 쪽으로 썼거든요. 나름 소신 지원한다고 했지만 역시 무리였습니다. 그렇게 영업으로 이력서를 쓴 지 얼마 지나지 않아서 하반기 공채도 막바지로 접어들었습니다. 올해는 안 되겠구나. 솔직히 내년을 준비해야겠다는 생각도 했을 만큼 힘들었고, 지쳐있었습니다. 하지만 포기하지는 않았습니다. 끝까지 놓지 않는 자가 승리한다고 생각했고, 매일매일 취업 커뮤니티를 들락거렸습니다.

그러던 중 슬슬 서류에 합격하기 시작했습니다. 어느 정도 시간이 지나자 서류 및 인·적성 합격률이 좋아지더군요. 뭐 여러 가지 이유가 있다고 생각합니다. 고 스펙자들이 빠져나간 것도 있겠고, 자기소개서 및 서류도 자꾸 쓰니 자연스레 좋아졌다고도 생각합니다. 그건 아래 차차 말하기로 하고요. 그렇게 면접을 보러 다니기 시작했죠.

그러다가 서류·필기·면접 전형을 통해 역대 최고 경쟁률을 뚫고 취업을 했습니다. 아직도 합격 전화를 받았던 날이 잊혀 지지 않네요. 예정일에 연락도, 공고도 뜨지 않아 떨어진 줄 알았거든요. 그런데 그 다음날 예정일보다 하루 늦게 결과를 통보해 주셔서 정말 놀랐습니다. 출근하기 전까지는 믿기지도 않았고요.

저보다 더 좋아하시는 부모님과 친지 및 지인들, 교수님과 취업지원과 선생님들 덕에 '아, 내가 좋은 곳에 취업했구나'라는 감동을 느낄 수 있었습니다.

후배들에게 조언

솔직히 제가 뭘 조언할 만한 입장은 아니라고 생각합니다. 보시듯 스펙도, 경험도 내세울 것 하나 없는지라… 또한 아주 운이 좋게 취업을 했다고 생각하는 사람이기에 너무 조심스럽지만 그래도 먼저 취업한 선배라면 선배라는 입장에서 조언을 합니다.

- 본격적인 구직 활동 전

저는 컨셉을 잡으라고 말씀드리고 싶습니다, 무턱대고 스펙을 쌓는다거나 아무 스펙 없이 경험만을 쌓는 것은 위험합니다. 먼저, 누구나 갖고 있는 스펙은 나 역시도 갖고 있어야 한다는 것이죠. 토익? 이제 큰 비중이 없다? 제 생각에는 거짓말입니다. 토익 점수는 높으면 높을수록 좋습니다. 또 기회도 많아지죠. 보수적인 곳일수록 토익에 대한 비중은 높아집니다. 특히 공기업은 아예 자기소개서 쓰지도 않는 곳이 많아졌습니다. 그냥 공인 영어성적으로 30배수 뽑아서 필기보고 필기 합격자에 한해서 자기소개서 쓰고 면접 보겠다고 공고에 뜹니다. 아주 솔직하고 깔끔하다고 생각합니다. 따라서 토익 기왕 하시는 거라면 꼭 높은 점수 받으라고 얘기하고 싶습니다.

또한 무모한 스펙 쌓기보다는 다양한 경험을 하는 것이 중요하다고 생각합니다. MOS 자격증이니 뭐니 하는 자격증 딸 시간에 저는 아르바이트 하라고 권해드리고 싶습니다. 경험이 많을수록 자기소개서에 쓸 내용도 많습니다. 또한 면접 시 할 얘기도 많아지겠죠? 총알이 많아지는 겁니다. 그만큼 당당해지겠죠? 거짓말로 할 수도 있습니다. 하지만 위험하죠. 저 역시도 수많은 아르바이트와 다양한 경험들이 있습니다. 물론 구직에 직접적으로 도움이 되었던 아르바이트나 경험은 없습니다. 하지만 이러한 경험들이 모두 제게 녹아있다고 생각합니다. 그걸 면접관님들께서는 보실 수 있겠죠. 참고로 면접에서 떨어진 적은 한 번도 없었습니다.

- 입사서류 작성

자기소개서에 관한 고민이 많으실 겁니다. 이력서야 객관적인 데이터로 싸우는 것이기 때문이죠. 먼저 이력서에 관련해서 조언 드리자면, 경험은 있는 대로 다 쓰시는 것이 좋습니다. 필터링 할 때, 빈칸을 채우는 것도 점수화 된다고 하더라고요. 하다못해 학과 소모임에 참가 했던 경험까지 쓰세요. 부정적인 내용이 아니라면 가점이면 가점이지 감점은 아닐 것입니다. 그리고 최대한 자세하게 쓰세요. 예를 들어 인턴 경험이 있다면, 'XX기업인턴 근무'보다는 'XX기업 YYYY부서 인턴 (ZZZZ업무 수행)'처럼 칸이 허락하는 한 이렇게 쓰신다면 이력서를 보시는 분 입장에서는 훨씬 호감이 가는 이력서가 될 것입니다.

그리고 눈치 보지 말고 쓰세요. '이걸 여기 써야하나'라는 생각으로 망설이지 마시고, 쓸 내용이 있다면 무조건 쓰세요. 저는 상벌사항 혹은 수상내역에 장학금 받았던 내용은 다 썼습니다. 이력서와 똑같은 데이터로 어떻게 자신을 부각시키느냐에 따라 달렸다고 생각합니다.

그리고 자기소개서. 솔직히 자기소개서 잘 쓴다는 말 많이 들었습니다. 스터디 할 때도 그렇고, 취업 컨설팅 받을 때도 그렇고, 두괄식에 한 가지 내용으로, 경험과 느낀 점, 교훈을 쓰고 자기소개서가 어떠한 역할을 하게 될지 모릅니다. 최초 필터링 후 자기소개서를 읽는지, 인·적성 검사와 함께 활용하는지, 면접 시 활용하는지는 기업에 따라 다릅니다.

결론은, '자기소개서는 잘 쓰세요.' 잘 쓰시되, 그것이 전부라고 생각하시는 것은 위험하다는 말입니다. 자기소개서도 역시 서류의 일부입니다. 그 일부에 모든 것을 걸지 마시고, 편안한 마음으로 유의사항을 참고해서 작성하시면 됩니다.

– 인·적성

처음에는 정말 솔직하게만 풀었습니다. 고민도 많이 했죠. 결과는 탈락, 탈락, 탈락. 문제는, 솔직하기만 해서는 안 된다는 것입니다. 예를 들어, '나는 가끔 매우 화가 난다'라, 이거 솔직히 가끔 화 안 나는 사람이 어디 있습니까? 하지만 이런 것은 모두 NO! 인성 문제를 푸실 때, 부사는 모두 빼고 읽으세요. '나는 가끔 화가 나면 물건을 던지고 싶을 때가 있다', 누구나 그렇죠. 하지만 부사를 빼면 '나는 물건을 던지고 싶을 때가 있다'가 되겠죠? 이런 사람은 뽑지 않는다는 것입니다. 그러니 인·적성을 풀 때도 확실한 컨셉과 요령을 가지고 푸셔야 합니다. 신뢰도를 위해 요새는 도형을 고르는 문제도 많이 내더군요. 그럼 그것도 컨셉을 정하세요. '무조건 중심이 잘 잡힌 도형을 고르자', 그러면 신뢰도가 높겠죠. 무턱대고 기분에 따르다 도형 고르다 보면 중구난방이 될 수도 있으니까요.

- 필기

공기업 준비하시는 분들은 잘 아실 겁니다. 필기, 중요해요. 서류는 많이 붙여주고 필기로 쳐내는 식으로 채용이 변화했습니다. 그만큼 필기 전형의 기회가 많아졌다는 뜻이겠죠?

예를 들면 교직원 등의 교육기관에 지원할 때 많이 보게 되는 논술의 경우, 논술의 주제는 다 다르겠지만 어느 정도 범위는 있습니다. 예를 들면 교육기관이나 교육 정책, 이슈, 입시, 학업에 관련된 내용이겠지요? 업무와 관련된 주제를 찾고 그 주제와 관련된 기관에서 내용을 찾으면 됩니다.

- 면접

솔직히 여기서는 정말 저도 답을 모르겠습니다. 면접관이 무엇을 좋아하는지, 무엇을 보고 사람을 가리는지, 내가 무엇을 잘했고 무엇을 못했는지 판별하는지를 알 수가 없습니다. '와 떨어졌다'라고 생각했는데 붙는 경우도 있고, '이건 모르겠다'라고 생각했는데 붙는 경우도 있습니다. 그만큼 사람이 사람을 평가하고 판단한다는 것이 쉽지 않겠죠.

면접을 준비하실 때에는 먼저 최근 1~2년 동안의 기업 관련 뉴스를 보세요. 그러면 업계 동향은 물론 그 기업과 경쟁사까지 알 수 있습니다. 당연히 향후 추진 사업 등에 관련된 내용도 알 수 있습니다. 또한 전자공시에 가셔서 연간보고서 같은 문서를 보시면, 그 회사의 사업내용과 함께 SWOT분석 비슷한 정보들도 모두 보실 수 있습니다. 아시는 분들도 많겠지만, 모르시는 분들이 더 많은 것 같습니다. 솔직히 우리가 아무리 노력해서 기업을 분석하는 것보다, 기업 내부에서 분석한 내용이 더 정확하다는 것은 말씀 드리지 않아도 아시겠죠? 또한 투자자들을 대상으로 하는 자료이기 때문에 정확하게 명쾌한 기업 정보를 알 수 있습니다.

그리고 중요한 것이 예상문제와 답변을 만드는 것입니다. 문제를 알고 가더라도 순간 당황하게 되면 답변을 할 수 없는 경우가 많습니다. 또한 면접마다 묻는 질문은 큰 틀에서 비슷합니다. 면접 예상 질문과 답변을 만들고 이를 숙지하고 있으면, 다른 면접에 가서도 활용할 수 있습니다. 이는 영어면접을 할 경우 더욱 절실해집니다. 저, 영어 못합니다. 외국에 나가 본 경험도 없고요. 그래서 어쩔 수 없이 '영어 능통자'가 명시된 기업은 쓰지도 않았습니다. 또한 스피킹 점수도 없어요. 하지만 영어 면접이 있다는 얘기에 뭐 당연히 물어 볼만한 질문들을 뽑아서 간단히 답변을 만들었습니다. 물론 영어 잘하는 후배에게 부탁했습니다. 그렇게 했더니만 영어 면접도 통과하게 되더군요. 그 답변들을 외우면서 은근히 영어로 말하는 법을 알겠더라고요. 어려운 단어 아니더라도, 그냥 말부터 떼는 게 중요한 것 같습니다. 물론 면접 가면 정말 영어에 능통하신 분들도 있었습니다. 하지만, 결국 합격한 것은 저였습니다. 자신감을 가지고 준비하세요.

질문에 대한 답변은 짧고 확실하게 하세요. 저는 최대한 간단하게 답변을 하려고 했습니다. 따라서 질문도 몇 개 못 받고, 답변도 짧게 했던 면접에서는 당연히 걱정스러웠습니다. 하지만 합격했습니다. 5명이 면접 보면서 한 명이 절반 이상의 시간을 차지하는 경우도 있습니다. 그런 분이 합격하실 수도 있지만, 다음 면접에서는 안 보이시는 경우가 많습니다. 면접관들이 하루 종일 면접 보려면, 지겹습니다. 묻고 싶은 것은 하난데 그 하나를 설명하기 위해 두 개 세 개를 붙이니 말이 길어집니다. 옆에서 듣는 저도 지겹고, 딴소리 같은데 면접관님들은 어련하실까요. 자신감을 가지고 묻는 말에만 명확히 답변하세요. 그럼 평가는 면접관님들이 하십니다.

마지막으로 외모, 이 또한 매우 중요합니다. 제가 면접에서 모두 합격한 이유는 외모도 큰 역할을 했다고 생각합니다. 잘생겼다는 얘기 아니라는 것은 다 아실 겁니다. 모두 그렇게 하시겠지만, 정말 깔끔하고 예쁘게 하고 가세요. 정말 누가 모르냐, 하시겠지만, 막상 면접 가보면 진짜 가관입니다. 발목양말 신은 사람, 머리 지저분한 사람, 검은 색 셔츠에 검은 색 타이 한 사람, 가지각색입니다. 솔직히 같은 면접자 입장에서도 수준이 떨어져 보이는데 면접관님들께서 보시기에는 어떻겠습니까? 머리 깎는 돈 만원, 취업하는 데 비하면 정말 적은 금액입니다. 과감하게 투자하세요. 타이도 예쁜 것 하시고, 정장도 깔끔한 것 입으세요. 구두도 깨끗한 것 신으시고. 이게 잔소리 같지만 정말 그렇지 않은 분들이 많아서 말씀 드리는 것입니다.

- 종합 및 결론

결론적으로는 가장 먼저, 남들 다 갖추는 스펙은 나도 갖춰야 한다는 것입니다. 그리고 서류를 작성할 때에는 자세하고 많은 것을 보여줄 수 있어야 합니다. 또한 자기소개서는 서류 합격의 전부가 아닙니다. 사실 면접을 보면서 자기소개서에 있는 내용을 질문으로 받아본 경우는 별로 없습니다. 면접관님들은 채용 담당자가 아닙니다. 면접자가 들어가면 자기소개 1분 시켜놓고, 그 때부터 면접자들의 이력서와 자기소개서를 훑어보기 시작합니다. 그러면서 질문할 거리가 있나 밑줄을 쫙쫙 치고 계시죠. 그게 현실입니다. 그러므로 맨 처음 자기소개 1분에 자신이 가장 자신 있는 이야기를 하세요. 그러면 그쪽으로 질문이 들어올 것입니다. 그게 요령인 것 같습니다. 면접관에게 끌려 다니다 보면, 당연히 깁니다. 먼저 자신이 유리한 쪽으로 면접관의 관심을 사는 것이 전략이라고 할 수 있겠네요. 이게 지금 말로 하니까 쉽지, 막상 안 됩니다. 그러므로 연습을 해야 합니다. 학교에서 하는 취업 캠프와 같은 프로그램에 적극적으로 참가하세요. 난 아직 준비가 안 됐다? 거기 가면 준비 되어 있는 사람은 없습니다. 가서 겪고 느끼

고 배우고 오십시오. 면접은 아무리 모의 면접이라지만 떨리고 긴
장됩니다. 그런 긴장을 자주 느껴보시고, 분위기를 익혀도 실제
면접 가면 덜덜 떨리는데, 아무 내성 없는 상태로 가신다면 많이
당황스럽고 힘들 수도 있습니다.

그리고 면접관들도 사람입니다. 같이 일하고 싶은 사람을 뽑겠
죠. 면접관님들께 좋은 인상을 주기 위해 노력하세요. 신입사원의
좋은 인상이라면 여러 가지가 있겠지만, 자신감과 서글서글함, 깔
끔함과 똘똘함과 같은 기본적인 것입니다. 뭐 이런 것들은 하루아
침에 뚝딱 나오는 것이 아닙니다.

그리고 가장 중요한 것은 바로 스스로를 믿고 끝까지 힘을 잃
지 않는 것입니다. 뜬구름 잡는 말 같지만, 이것만큼 중요한 것도
없습니다.

저도 정말 포기하고 싶었던 순간이 많았습니다. 이게 아니면 올
해 끝날지도 모른다는 생각, 지금 놓치면 평생 후회할지도 모른다
는 생각 등등. 하지만 제게 가장 큰 힘을 줬던 이야기는 '아직 어
리니 너무 서두르지 마라', '첫 직장이 평생 좌우할 수도 있다. 급
한 마음에 떠밀려 가지 말고 소신을 가지고 끝까지 도전해라'라는
말이었습니다. 정말 힘들게 합격한 직장을 포기하는 것이 쉽지 않
았습니다. 하지만 정말 제가 그때, 조급함에 무릎을 꿇었더라면
어떻게 됐을까요?

취업이라는 것이 정말 누군가의 뜻대로 되는 것이 아니라는 생
각이 듭니다. 어떤 인사담당자분은 취업을 운7복3이라고 하시더군
요. 이것은 정말 취업에만 해당되는 것이 아닌가 생각합니다. 하

지만 그 운과 복, 언젠가는 나에게 돌아옵니다. 그렇다면 그때, 그 운과 복을 움켜쥘 수 있도록 항상 준비해야겠죠? 그게 빨리 오는 사람도 있고, 막바지에 오는 사람도 있고, 다음에 오는 사람도 있습니다. 그렇기에 끝까지 포기하지 말라고 말씀드립니다.

그리고, 움직이세요. 스스로 정보를 찾고, 무엇이든 얻으려 노력해야 합니다. 가만히 앉아 있어도 내게 들어오는 것은 없습니다. 사람들도 만나고, 여기저기 다니시면서 계속해서 스스로를 단련시키세요. 잘 된 사람들을 만나 자극도 받아보고, 나보다 못한 사람들을 만나 자신감도 충전하고, 같은 입장인 동지들을 만나 정보도 교류하고 서로를 위로하면서 지금 이 시간을 충분히 활용하세요.

취업의 문은 절대적으로 두드리는 자에게만 열립니다. 좀 더 세게, 크게, 많이 두드릴수록 문도 빨리, 그리고 활짝 열릴 것입니다. 힘내세요. 어쩌면 지금이 여러분들의 남은 삶에서 가장 활기차고 보람된 시간일 수 있습니다. 혹시 궁금한 것이 있으시다면 제가 답변해 드릴 수 있는 범위 내에서는 최대한 답변해 드리겠습니다. 모두 좋은 직장에서 좋은 동료들과 행복한 직장생활을 하시기 바랍니다. 감사합니다.

비교적 길게 인용한 취업 수기를 읽으면서 우리는 면접의 개념과 유형, 특징이 무엇인가에 대해 생각할 수 있을 것이다. 그 중에서도 가장 중요한 것은 '준비해야' 한다는 것이다. 그런데 이러한 준비는 단시일 내에 끝나는 것이 아니라는 점에서 무엇을, 어떻게 이끌어가야 하는가에 대해 다음과 같은 점을 생각해야 한다.

첫째, 채용 기관에 따라 다르겠지만 면접은 자기소개서, 면접, 인·적성 검사, 필기시험, 면접관의 질문에 대답하기, 프레젠테이션 등의 다양한 과정을 거치므로 이들 각각에 대해 준비해야 한다.

둘째, 면접도 공부하면 능력을 향상시킬 수 있으므로 연습해야 한다. 지속적인 연습이 필요하다.

셋째, 면접이란 면접관에게 자신이 누구인가를 알리는 것이다. 그러므로 면접자는 일련의 모든 과정마다 자기가 그 회사에 혹은 학교에 반드시 필요하며 그것을 위해 오랫동안 준비해 온 유능한 인재임을 알려야 한다. 단 일방적인 자기 자랑이 아니라 그 회사나 학교 상황에 맞게 해야 한다.

넷째, 첫인상이 중요하다. 여기서 첫인상이란 외모만이 아니라 언어 사용, 태도 등도 모두 포함하는 것이므로 첫인상을 좋게 하기 위한 연습이 필요하다.

면접의 개념과 특성

제 3 장

면접의 개념과 특성

2장에서 제시한 취업 수기를 중심으로 하여 면접에 대해 생각할 수 있는 기회를 가졌다. 면접은 '스펙 종결자'를 넘을 수 있는 기회라는 점을 분명하게 인식해야 한다.

'스토리가 스펙을 이긴다'라는 책이 있다. 이는 면접에서 대답을 제대로만 한다면, 혹은 자기가 경험한 것들을 잘 엮을 수가 있다면 웬만한 스펙보다 낫다는 의미이다.

이처럼 스펙 종결자를 이길 수 있는 방법이 면접이다. 그러면 면접은 두려운 대상이 아니라 나를 드러낼 수 있는 기회라는 생각이 들 것이다.

면접은 내가 경험한 모든 것들을 잘 엮어서 드러내 보일 수 있는 정말 좋은 기회이다.

'구슬이 서 말이라도 꿰매야 보배'라는 말이 있다. 다양한 나의 삶의 경험을 일관성 있고 통일성 있는 모습으로 보여주는 것이 면접이다. 그러므로 면접이란 면접자가 20년 넘게 살아온 삶 전체를 잘 하나로 잘 엮어 내는 연습을 해 보는 그런 과정으로 생각하자. 평생직장의 개념이 없어지는 앞으로의 삶에서 우리는 적어도 3~4차례의 취업 면접에 임해야 한다.

이 장에서는 면접의 개념에 대해 살펴본다. 1장에서 언급한 것처럼 면접은 다양한 입장에서 정의내릴 수 있다. 그런데 '면접이 무엇인가'라는 개념 설정을 잘 해야 한다. 왜냐하면 면접에 대해서는 다양한 입장에서 접근할 수 있는데 개념 설정 여부에 따라 대응 방법이 달라지기 때문이다.

'면접은 자기 PR이다', '면접은 맞선이다'와 같은 아주 생기발랄한 정의에서 출발해보자.

'면접은 자기 PR'이므로 무조건 자기 자랑만 하다보면 면접관과 상호작용할 수 없다. 은행에 지원한 (1-ㄱ, ㄴ)의 대답을 생각해보자.

(1) "자기 자신을 소개해 보세요."(은행 시험)

ㄱ. "예, 저는 3대째 의사 집안에서 태어나 부족함이 없이 자랐습
　　니다. 사립초등학교를 나왔습니다. 집안이 엄격하고요."
ㄴ. "예, 저는 이 은행에 5살 때부터 관심을 가졌습니다. 아버지
　　께서 설날 용돈으로 통장을 만들어 주신 것이 바로 이 은행이
　　었습니다."

　회사에서 필요로 하는 것은 '회사에서 얼마나 일을 잘할 수 있는
사람인가', '이 회사에 얼마나 관심이 있는가' 하는 것이다. 집안 배
경을 보려는 것이 아니다.

　그러므로 (1-ㄱ)처럼 일방적인 자기 자랑은 면접에서 좋은 평가를
받지 못한다. (1-ㄴ)은 어린 시절부터 지원한 은행과의 관련성을 언급
하여 관심을 이끌고 있다.

　'면접은 맞선'이라는 정의에 따르면 다음 제시하는 예문 (2), (3)처
럼 면접에 임할 수 있다.

　(2) "우리 회사에 들어오면 무엇을 할 거에요?"

　　　"아, 예, 월급을 잘 모아서 부모님께 효도하고요… 그리고 유
　　　학 지원을 해주신다면 유학을 다녀와서 이 경력을 바탕으로
　　　대학교수를 하려고 합니다."

　(3) "입사를 하고 나서 2년이 흘렀다고 가정합시다. 2년이 지난

시점에서 자신이 어떤 일을 하고 있을 거라는 생각이 드세요?"

"한 손에는 커피를 들고 다른 손에는 도넛을 들고 외국인들과 자유롭게 이야기하면서 오더(주문)를 받아내고 있지 않을까 그런 생각을 하고 있습니다."

맞선에서는 상대방과 내가 서로가 어울리는지 여부를 판단해야 한다. 이런 점에서 미래의 꿈을 이야기할 수 있다. 그러므로 '면접은 맞선'이라는 정의에서는 (2), (3)과 같은 대답은 크게 문제가 되지 않는다.

그러나 면접은 '면접관이 면접자의 능력을 평가하기 위한 것'이라는 점에서 보면 (2), (3)과 같은 대답은 면접자가 회사에서 필요로 하는 능력을 보인 것이 아니다. 자신의 야망이나 취미 생활에 중점을 두어 기술한 대답이다.

따라서 면접자가 회사 일을 잘 해 나갈 수 있는 인재임을 보여주어야 하는 면접의 본질에 맞는 대답이 아니다. 회사가 나의 꿈을 후원하는 것은 아니라는 점에서 위와 같은 대답은 올바르지 않다.

면접에서는 면접자가 회사에 와서, 무슨 일을 해서 회사에 이익을 창출해야 할 것인가에 중점을 두고 대답을 해야 한다. 따라서 '면접이란 맞선이다'는 정의에서는 평가를 위한 말하기로서의 면접에 대한 올바른 대답을 유추해 내기가 어렵다.

그러므로 실제 면접에 임할 수 있는 능력을 키워줄 수 있는 개념 정리를 해야 한다. '상황에 적절하게' '나의 생각을' '효율적으로 표현하고' '남의 표현을 상황에 적절하게 이해하는' 의사소통 이론에 근거하여 면접의 개념을 설정해 보자.

[1] 면접이란

면접의 개념을 살펴보고 면접이란 면담의 하위 개념이므로 면담의 특성에 비추어 면접의 특성을 정리한다. 그리고 면담의 유형을 살펴본다.

면접에 대한 정의에서 가장 중요한 것은 '취업이나 입학 등 선발과 평가를 목적으로 하는 면담(interview)의 하위 유형'이라는 점에서 출발해야 한다. 그러므로 면담의 특성과 면접의 특성을 서로 관련지으면 바람직한 개념 설정이 될 것이다.

면담은 특정한 개인 혹은 집단과 직접 접촉하여 교섭하는 것으로 조사나 진단·시험·취재 등을 위해서 필요한 정보를 수집하는 목적으로 하는 의사소통의 유형이다.

따라서 면담의 하위 유형인 면접 역시 면접자로부터 정보를 얻기 위한 것이라고 할 수 있다. 다만 그 정보가 입학이나 취업 등으로 제한하여 선발을 목적으로 한다는 점에서 다른 면담 유형과 구별된다.

그러므로 '면접이란 취업이나 입학 등과 같은 일정한 목적을 가지고 이루어지는 의사소통의 한 방식'으로 정의내릴 수 있다. 또한 면접관의 질문과 면접자의 대답으로 이루어진다는 점에서 잡담, 강연 등과 다르다.

따라서 '효과적'으로 '상황'에 적절한 '표현'과 '이해'라는 의사소통의 특성을 고려하면 면접에서도 '면접 상황'에 맞는 '질문'과 '대답'을 해야 한다. 이런 점에서 면접에서 면접자가 해야 하는 대답은 다음과 같은 특성을 지녀야 한다.

> ‣ 일정한 정답을 맞히는 구두시험이 아니다
> ‣ 순간적이고 임시적인 재치가 필요한 기법(technique)을 필요로 하는 것이 아니다
> ‣ '나를 제대로 알리는 것'이다

면접이란 면접관에게 '나를 알리는 것'이다. 보다 구체적으로 말하면 내가 이 회사에 적임자임을 말해주는 것이다. 따라서 나의 모습이 텅 비어있거나 왜곡되어 있다면 면접관에게 나를 보여줄 거리(재료)가 없을 것이다.

면접을 공부하면서 '나'의 말하기 습관, 태도, 삶을 바라보는 자세, 세상에 대한 관점 보기 등을 공부해야 하는 것은 바로 이러한 이유에서이다. 그리고 바로 이것이 우리가 이 책을 통해 면접을 공부하는

목적이기도 하다. 면접의 특성에 대해 논의하기에 앞서 면접의 상위 개념인 면담의 특성에 대해 알아보기로 한다.

1) 면담의 개념과 특성

면담(面談)의 사전적 정의는 '서로 만나서 이야기한다'는 의미이다. 대개는 면담을 '참여자들이 특정한 목적을 지니고, 주로 질의와 응답의 형태로 진행하는 공식적 담화로, 사전에 예정된 의도적 의사소통 방식', 혹은 '특정한 정보를 얻기 위한, 공식적인 관계에 있는 사람끼리 질의 응답의 형식을 갖춘, 예정되고 의도된 담화'로 정의하며, '면담(인터뷰)'을 '면접', '상담' 등의 상위 개념으로 설정한다.

이러한 논의를 종합할 때, 면담(interview)이란 일정한 목적을 위해서 두 사람, 즉 인터뷰어(interviewer)는 질문을, 인터뷰이(interviewee)는 대답을 하는 것이다. 면담은 목적에 따라 정보 수집을 위한 면담, 상담을 위한 면담, 설득을 위한 면담, 평가를 위한 면담 등 다양하므로 목적에 맞는 질문과 대답이 일관성 있게 이루어져야 한다.

인터뷰의 주도권은 인터뷰어(interviewer)가 쥐고 있다고 생각하기 쉬우나 그렇지 않다. 인터뷰이(interviewee)도 질문에 어떻게 대답을 이끌어나가느냐에 따라 대화의 흐름을 만들어나갈 수 있다.

인터뷰어(interviewer)와 인터뷰이(interviewee) 중에 대화를 이끌어 나갈 수 있는 사람은 '정보를 많이 가지고 있는 사람'이다. 또한 인터뷰

(interview)는 일방적인 말하기가 아니므로, 무엇보다 대화에 참여하는 사람들 간에 공감대를 형성하는 일이 중요하다.

이를 잡담과 비교해보자. 친구들 혹은 가족들과의 대화는 대부분 뚜렷한 목적이 없이 친밀함을 유지하기 위해 이루어진다. 또한 이들은 이미 서로에 대해서 잘 알고 있는 사람들이므로 대화를 나눌 때 부담이 없다.

그러나 면담(인터뷰)은 사적인 관계가 아니라 '공적인 관계'로 만난다. 면담 참여자들은 대화에서 서로 얻고자 하는 뚜렷한 목적이 있으며, 그 목적을 달성하기 위해 이야기를 이어 나간다는 점에서 잡담과 다르다. 면담 목적에 따라 서로 간의 문화·언어·정치적 견해 등의 가치관이 다를 수 있다. 따라서 이러한 점을 충분히 이해해야 면담이 원활하게 진행될 수 있다.

일정한 목적이 있는 면담(인터뷰)에서 의례적인 질문과 답이 아니라 그 목적을 이루어가기 위해 새 정보를 줄 수 있는 질문과 대답이 이루어져야 한다. 그러므로 모든 면담과 그 하위 유형인 면접에서 '뻔한 대답', '아무 정보도 주지 않는 대답'을 지양해야 하는 이유가 여기에 있다.

면담의 또 다른 특성은 일정한 과정이 있다는 점이다.

<table>
<tr><td colspan="2" align="center">면담의 과정</td></tr>
<tr><td>면담하기 전</td><td>목적 설정(주제정하기)
대상(interviewee) 연구(설계하기)
요청과 약속 잡기
플래닝(질문, 작성 등)</td></tr>
<tr><td>면담하기(interviewing)</td><td>인터뷰이와 만남, 질문하기(인터뷰하기)</td></tr>
<tr><td>면담하기 후</td><td>인터뷰 마무리
쓰기(기록하기, 분석하기, 확인하기, 보고하기)</td></tr>
</table>

〈표 1〉

면담 과정에서 가장 관심을 가져야 할 부분은 〈표 1〉의 굵은 고딕체로 표현된 '면담하기(interviewing)' 과정이다. 우리는 흔히 이것을 면담이라고 한다.

그러나 〈표 1〉에서 보듯 '면담하기' 전·후에 해야 할 일이 있다. 그리고 '면담하기' 과정은 참여자간의 상호작용으로 질문과 대답으로 이루어진다. 이러한 질문과 대답은 면담이 이루어지는 맥락(context)에 따라 부호화되고 해석된다.

맥락이란 인터뷰어와 인터뷰이의 관계, 면담 목적, 장소 등을 뜻한다. 면담에 대한 학문적 논의에서 면담에서의 질문과 대답의 의미 생성의 과정, 질문과 대답을 구체화하기 위한 여러 전략 등에 초점을 두는데 이는 면담에서의 질문과 대답이 맥락에 영향을 많이 받기 때문이다. 이러한 면담의 특성을 면접과 관련지어 보자.

2) 면접의 특성

  면접은 면담의 하위 유형이므로 면접 역시 질문과 응답으로 구성
이 된다. 그리고 앞에서 설명한 것처럼 일정한 과정이 있다.
  면담에서 면담하기(interviewing)를 위해 인터뷰어(interviewer)가 사전에
여러 자료를 모으는 등 여러 과정이 있는 것처럼 면접에서는 '자기소
개서 쓰기'나 '프레젠테이션 면접' 등이 질문과 대답이 이루어지는
면접하기(job-interviewing) 전·후로 이루어진다.

  그러므로 우리는 면접을 잘하기 위해 자기소개서를 쓰기 위한 준비
작업, 프레젠테이션 면접에 대한 이해와 실습, 그리고 질문을 이해하고
대답하는 방법 등에 대해 알아야 한다. 그리고 면접관은 대개 이들을
기초로 하여 질문을 구성하므로 이 모든 것들이 일관성 있어야 한다.
  왜냐하면 자기소개서에서는 조용하고 차분하다고 기술하고 면접관
의 질문에 대답할 때는 정열이 넘치며 매사 적극적이라는 대답을 하게
되면 면접자가 누구인지 분명하게 나타내기 어렵기 때문이다.

  면담에서의 질문과 대답은 면담 상황에 맞게 부호화와 해석의 과
정을 거친다. 이는 면담의 목적을 이루어가는 것으로 '자극(Stimulus)—
반응(Response)'처럼 순간적이고, 기계적으로 이루어지는 것은 아니다.
바로 이러한 특성 때문에 '면담하기(interviewing)'에는 여러 전략을 필

요로 한다.

　이를 면접에 적용하면 면접에서의 대답이란 면접관이 질문하면 바로 대답하는 즉문즉답(卽問卽答)의 형태가 아니다. 면접관은 질문에 대해 면접자는 대답을 하고, 면접자의 대답에 대한 면접관의 질문으로 이어진다. 이러한 것이 바로 상호작용이다.

　이것을 잘 나타내주는 것이 1장에서 제시한 (7)이다. (7)에서는 고향을 묻는데 특정 지역만을 말하지 않고 창업자가 태어난 곳과 연결지어 다음 대답과 관련된 질문을 유도하면서 면접관과 면접자는 상호작용을 하고 있다.

　이처럼 원활한 상호 작용을 통해 면담 목적을 이루어 간다. 그러므로 인터뷰어(interviewer)는 인터뷰이(interviewee)와의 대화를 통해 의도한 메시지를 창출하고 전달할 수 있도록 담화 전체를 기획하고 장악하는 여러 전략이 필요하다. 면접에서도 마찬가지이다. 면접관이나 면접자는 여러 전략을 가지고 있어야 한다.

　다음 <표 2>에서 알 수 있는 것처럼 면담에는 다양한 유형이 있다. 면담 B, C, D, E 유형들은 꼭짓점으로 갈수록 전문적인 기술을 필요로 한다.

　물론 면담 유형에 따라 '전문적 기술 사용 정도', '사전 계획 유무', '참여자간의 면담 참여 동기', '참여자간의 관계' 등이 다르다. 그리고 이에 따라 '질문의 내용', '질문 방법', '질문의 부호화 방법', '대답 방법’ 등이 다 다르게 나타난다.

이에 따라 면담은 각기 다른 담화 구조, 다양한 대화 전략을 요구한다. 예를 들면 정보를 목적으로 하는 경우에는 정보를 획득하기 위한 질문의 기술로서의 담화 전략이 중요하다.

이처럼 면담에서의 질문과 대답 행위는 ‘면담 참여자’, ‘면담의 목적’, ‘면담의 유형’ 및 ‘면담 참여자의 면담 참여 동기’ 등에 따라 부호화되고 해석되는 면담 텍스트의 특성과 관련지어야 한다. 그리고 이러한 텍스트 특성과 관련하여 참여자간의 올바른 해석, 이를 위한 추가 질문이나 진술, 순서 교대, 일관성, 결속성 등의 문제를 해결할 수 있다.

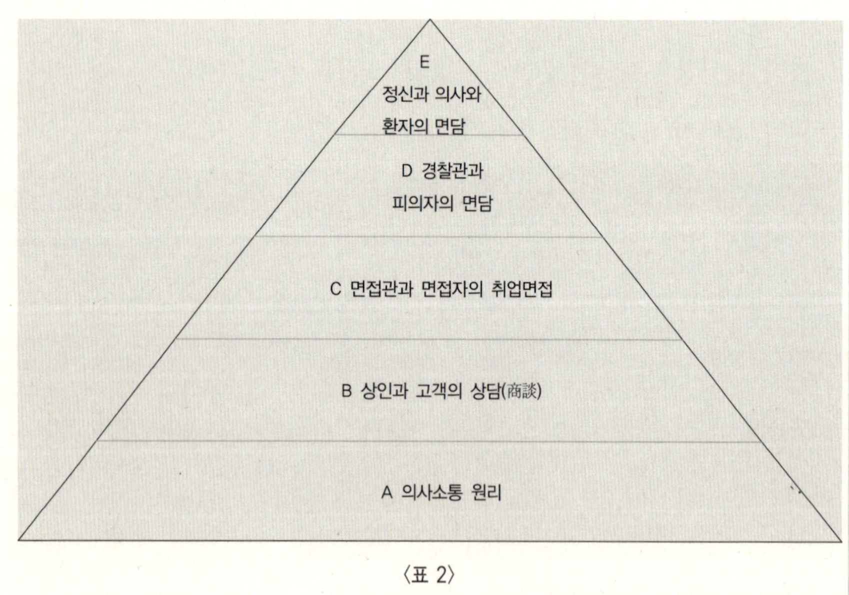

〈표 2〉

모든 면담은 일상적인 의사소통 유형 중에서 목적이 있는 공식적인 말하기라는 공통점을 지닌다. 이러한 유형 중에서 특별히 평가를 목적으로 하는 경우 면접이라 한다.

면담의 이러한 특성을 면접에 적용하자. 면접에서의 질문은 <표 2>에서 A, B 면담 유형과 달리 일정한 의도를 포함하고 있다. (4)를 통해 설명하기로 한다.

(4) "우리 회사에 대한 느낌이 어때요?"

ㄱ. "건물이 참 예쁘네요. 주시는 차도 참 맛있고요."
ㄴ. "저희 집은 꼭 이 회사 제품을 씁니다. 동일한 제품을 파는 다른 회사 제품보다 믿을 수 있다고 생각합니다. 회사명에서 신뢰라는 느낌을 강하게 받습니다."

(4)의 질문이 A, B 면담 유형이라면 (4-ㄱ)이 보다 적절하다. 그러나 C 유형인 면접에서 이러한 질문은 일정한 의도를 지니고 있다. 따라서 면접에서는 A, B 유형과 달리 (4-ㄴ)이 보다 적절하다.

그러므로 우리가 관심을 갖는 <표 2>의 C 취업 면접의 경우 A, B 면담 유형보다는 더 많은 '전략'이 필요함을 알 수 있다. 물론 <표 2>의 D, E 면담 유형처럼 전문가적인 기법이나 전략을 필요로 하는 것은 아니지만 분명 A, B보다는 더 많은 전문적인 기술이나 지식 등을 필요로 한다. 이점에서 C와 같은 취업 면접은 공부를 해야 한다는 당위성을 얻을 수 있다.

[2] 면접을 하는 이유

미래학자들은 직업에 대한 고정관념을 버리라고 말한다. 즉, 앞으로 '직업'의 개념은 사라질 것이며, '업무'만 남는다는 것, 일과 삶의 균형에서 통합으로, 네트워크를 갖춘 제너럴리스트의 시대가 나타난다고 예언한다.

지금까지 회사에서는 '특정 분야의 지식을 갖고 있는 독립적 전문가이면서, 일과 삶의 균형을 유지하는 직원'을 높게 평가했다면 이제는 '탄탄한 네트워크를 갖춘 제너럴리스트'를 더 필요로 한다. 이를 파악하기 위한 면접이 차지하는 비중은 점점 더 높아져갈 것이다.

그러면 '면접은 왜 할까?' 이 질문은 '면접의 필요성'이나 '면접의 가치'를 기술하기 위한 문제 제기이다. 이에 대한 답은 여러 측면에서 내릴 수 있다.

‣ 면접은 능력이 뛰어난 사람보다는 일을 좋아하는 사람을, 그리고 일을 좋아하는 사람보다는 일을 즐기면서 하는 사람을 뽑기 위한 것이다. 앞에서 언급한 것처럼 미래 사회에서는 '전문가'만을 선호하지 않기 때문이다

‣ 학벌이나 학력 혹은 필기시험 등으로 점검할 수 없는 실제 업무에서 필요한 능력을 찾기 위해서이다

그러한 능력이란 무엇일까? 아마도 '협동심', '창의력', '순발력', '의사소통능력', '위기 대처 능력', '다른 사람과의 친화력', '정체성', '가치관', '일에 대한 열정', '리더십' 등으로 표현할 수 있을 것이다.

그러므로 면접자의 대답에서는 이러한 면을 부각시킬 수 있도록 준비를 해야 한다. 준비를 하는 과정에서 적절한 대답을 위해서는 그러한 능력을 가지도록 노력해야 한다.

따라서 면접에서의 모든 질문과 대답은 이러한 내용을 담고 있어야 한다. 면접관은 면접자가 지닌 이러한 능력을 여부를 알아내기 위해 모든 방법을 동원하기 때문이다.

앞에서 자기소개를 하라고 했을 때 자기 집안 자랑을 하면 올바르지 않다고 한 이유를 여기에서 찾을 수 있다. 면접에서는 자기의 능력을 보여야 하는 것이다.

(6) "자기소개를 해보세요."

ㄱ. "네 저는 방학 때마다 물류회사 아르바이트를 했어요."
(물류 회사의 경우)

ㄴ. "저는 시골에서 태어나서 유독 환경에 관심이 많습니다."
(친환경 페인트 회사의 경우)

ㄷ. "저는 대학교 때 증권 동아리를 했습니다." (증권회사의 경우)

자기소개의 내용은 살아온 생애만큼 많을 것이다. 그러나 자기소개는 처음 태어난 산부인과 이름부터 나열하라는 의미가 아니다.

(6)처럼 면접 상황에 적절하게 자기소개를 해야 한다.

이러한 대답에 따라 이어지는 질문 내용이 결정된다. 그리고 질문에 대한 답을 통해 그 다음 질문이 나온다. 이러한 것이 면접관과의 상호작용이다. 이러한 상호작용이 잘 이루어기 위해서는 모든 대답을 회사와 관련하여 제시하여야 한다.

아르바이트 경험이라도 하찮게 여기지 말고 아무 일이나 하지 말자. 자기가 맡은 업무와 연관지어 볼 필요가 있다.

[3] 면접의 준비 과정

이미 앞서 예로 든 취업 수기 및 몇몇 대답 방법을 통해 면접을 위해서는 많은 준비를 해야 한다는 것을 설명하였다. 면접은 단순히 면접관의 질문에 대답하는 것이 아니다.

토론 면접, 요리 면접, 술 면접 등과 같은 다양한 형태로 이루어진다. 내내 강조한 것처럼 자기소개서 등도 제시해야 한다. 때로는 PPT 작성을 통해 자기 소개도 해야 한다.

이렇게 복잡한 과정과 다양한 유형의 면접에서 '나'의 모습을 보여야 한다. 그 '나'가 회사에서 필요한 여러 능력과 경험을 갖춘 인재임을 보이기 위해서는 다양한 경험과 능력 이외에도 이러한 경험과 능력을 한 줄로 엮어내는 기술이 필요하다.

이 기술로 그동안 내가 준비해 온 다른 사람과 구별되고 차별화된 모습의 '나'의 모든 것을 제시할 수 있다.

이러한 준비 과정에서 내가 보아야 할 책, 해야 할 경험 등에 대한 준비를 해야 한다는 것을 알 수 있다. 방향이 정해지면 행하기란 그리 어렵지 않을 것이다.

자기 삶에 대한 준비가 끝나면 회사가 원하는 인재상에 맞추어 자신의 장점을 정리하고, 예상 문제를 뽑고, 그것에 대한 대답을 연습하고, 예상 질문에 답할 수 있는 내용을 준비하면 된다. 동시에 무엇을 입어야 하며, 어떤 속도로 말을 해야 하며, 어떤 제스처를 써야 되는가 등 구체적인 언어 사용 기술 학습도 준비해야 할 것이다.

그러나 이것이 단시간 내에 해결되는 것이 아니라 많은 시간을 필요로 하는 작업이라는 점에서 면접이란 오랜 시간 준비해야 하는 것이다. 즉 벼락치기 면접 준비는 통하지 않는다는 것이다.

미팅에서 매력적인 파트너로 보이고 싶어서 '연애 박사'로 통하는 친구에게 하루 전 날 비법을 전수 받아 미팅에 나갔다고 해서 미팅에 성공할 수 있을까?

마찬가지로 면접 역시 단시간에 준비되는 것이 아니라는 점을 강조하고 싶다. 면접은 서류 전형 합격 후 단시간에 혹은 면접 당일에 준비해서 임하는 것이 아니다. 꾸준한 준비와 훈련이 필요하다.

첫인상을 좋게 하는 방법

첫인상을 좋게 하는 방법

대부분의 인사 담당자들은 '1분 내외' 즉 '60'초 내외에 면접자들의 당락을 결정한다고 한다. 그러므로 '60초' 내에 면접자 자신이 회사에 적절한 인물임을 보여 주어야 한다. 이처럼 60초 내에 판단할 수 있는 것을 '첫인상'이라고 한다.

그렇다면 첫인상은 무엇인가? 그리고 첫인상을 좋게 하는 방법은 무엇인가?

정답부터 말하면 그것은 외모에만 국한되는 것은 아니라는 사실이다. 첫인상은 '언어적인 표현과 비언어적인 표현'으로 결정된다. 따라서 성형외과에서 해결할 수 있는 문제가 아니다.

첫인상을 좋게 만들고 싶다면 성형외과에 가서 수술을 하기 이전

에 자신의 언어 사용 습관과 타인을 대하는 태도를 점검해 보는 일이
필요하다. 그러면 이제 첫인상을 좋게 하기 위한 방법을 제시하기로
한다.

[1] 첫인상의 개념

  '첫인상이 좋다', '첫인상을 좋게 만든다'에서 첫인상의 의미는 무
엇일까? 첫인상은 '나'에 대한 '상대방'의 느낌이다. 이러한 첫인상은
외모, 말하는 속도, 목소리의 크기, 자세, 화제 선택 방법, 대화에서
발언권의 순서 교대 방법 등 여러 면에 의해 결정된다.

  첫인상을 결정하는 요소들을 고려하면 첫인상을 좋은 방향으로 고
쳐 나갈 수 있다. 첫인상을 좋게 보이기 위해 좋은 옷을 입거나 화장
을 열심히 하는 것도 중요하다. 표정이나 외모 등이 첫인상과 관련되
기 때문이다.

  그러나 이러한 옷이나 화장만큼 중요한 것이 바로 말하는 방법이
나 태도, 표정 등이라는 사실을 간과해서는 안 된다.

  첫인상이 좋다는 것은 포장된 이미지가 좋다는 뜻이 아니다. 첫인
상을 좋게 만든다는 것은 남이 나의 좋은 점들을 오해하지 않도록 나
자신을 제대로 드러낼 수 있도록 노력하라는 것이다. 그리고 이를 좋

게 하려고 노력한다는 것은 자신의 실제의 모습 중 긍정적인 자신의 모습을 부각시켜 그대로 보여주라는 것이다.

　예를 들어 수줍은 성격을 가진 것은 나쁜 것이 아니다. 수줍은 성격은 양면이 있다. 상대방에게 차갑고 냉정하게 보일 수 있는 반면 다른 한편으로 침착하고, 사려 깊고, 배려심이 있는 모습으로 보일 수 있다.

　그러므로 내가 가진 수줍은 성격을 후자의 모습 즉 침착하고 사려 깊은 모습으로 보일 수 있도록 노력해야 한다. 이처럼 첫인상은 자신의 실제 모습과 다르게 보일 수 있다. 이는 내가 보는 나의 모습과 다른 사람이 보는 나의 모습에서 차이가 발생하기 때문에 나타난다.

　예를 들어 어떤 사람이 자신은 '뒤끝 없는 사람'이라고 생각하지만 상대방에게는 '주책없는 사람'으로 보일 수 있다. 자신은 '유행에 민감한 사람'이라고 여길 수 있지만 상대방은 '뭔가 정서적으로 결핍된 사람'이라고 인식할 수 있다. 또 자신은 '배려심이 많은 사람'이라 여기고 자기의 주장을 하지 않은 것인데, 상대방은 '자기 주관이 없고 생각이 없는 사람'이라고 여길 수 있다.

　첫인상을 좋게 하려면 내가 보지 못하는 나의 모습을 없애고 실제 나의 모습을 보일 수 있어야 한다. 그러므로 동일한 '나'를 '주책없는 사람', '정서적으로 결핍된 사람', '자기 주관이 없고 생각이 없는 사람'이 아니라 '적극적인 사람', '트렌드를 금방 이해하는 사람', '남을 배려할 줄 아는 사람'과 같은 관점에서 보이도록 노력하는 것이 첫인 상을 좋게 하는 것이다.

[2] 면접에서의 첫인상의 중요성

첫인상이 중요한 이유는 사람들은 상대방에 대한 정보가 없을 경우에 한 번 인식된 첫인상을 통해 사람을 보기 때문이다. 그리고 이러한 느낌은 오래 기억된다. 또 대개의 사람들은 첫인상을 통해 모든 것을 파악하려고 한다. 전문가에 의하면 한 번 입력된 부정적인 정보는 잘 바꾸려 들지 않는다고 한다. 따라서 가능하면 좋은 첫인상을 주어야 한다.

짧은 시간에 사람을 보고 결정해야 하는 취업 면접에서 첫인상의 중요성은 새삼스레 강조할 필요가 없을 것이다. 면접에서 첫인상은 어떻게 보이는 것이 좋을까?

면접관의 입장에서 보면, '면접이란 회사 업무를 수행하기 적절한 사람을 찾는 것'이다. 그러므로 면접에서 면접자의 모든 대답은 면접 자 자신이 회사에서 맡을 업무를 수행하는 데 적합한 사람이라는 정보를 제시하는 데 초점을 두어야 한다.

면접에서 면접자가 면접관에게 바른 자세로 공손하게 인사를 하며 면접장에 들어갔다고 하자. 인사를 잘하는 모습을 통해 자신이 예의 바른 사람이라는 점을 보여줄 수 있다. 사회에서 예의 바른 사람은 인정받기 쉬우므로 면접관은 면접자의 미래를 긍정적으로 예측할 것이고, 이 면접은 면접자에게 호감을 느낀 면접관과 시작하게 된다. 그리고 이미 면접관과 면접자는 좋은 라포르(rappot)를 형성하여 면접을 성공적으로 이끌 수 있을 것이다.

인사를 한다는 것은 그리 어려운 일이 아니다. 그러나 실제 면접 현장에서 예의 바르게 인사를 하는 사람은 많지 않다. 평소 습관대로 전철에서 못다 마신 커피 잔을 들고 면접장에 들어서는 사람도 많다. 앉으라고 말하기도 전에 앉는 사람도 많다. 실제로는 몹시 예의바른 사람이라 하더라도 이러한 태도는 자신의 첫인상을 몹시도 나쁘게 하는 행위들이다.

태도만이 아니다. 대답을 하는 경우 말의 속도가 엄청 빠르다거나, 말을 하면서 눈알을 정신없이 굴린다거나 한다면 좋은 첫인상을 남기기 어렵다.

  앞에서 계속 강조한 것처럼 첫인상은 외모만으로 결정되는 것은 아니다. 아래 제시하는 사진을 살펴보면 첫인상에서 '말하는 방법'이 차지하는 중요성을 알 수 있다.

A   B

  위에 제시한 사진은 어느 TV 광고 화면이다. A의 화면이 나오면서 관련된 상품을 소개한다. 관련된 상품의 가치와 화면 속의 세련된 모습을 일치시키고 있다. 그러다가 화면이 B로 바뀌면서

  "예 엄니, 저 만수유. 아, 나 서울 거시기, 그, 아이스크림 가게에 왔는데, 나 참, 뭘 먹어야 될지 모르겠네."

라는 말이 나오며 시청자를 웃게 한다.

이 광고를 통해 우리는 A와 B 화면에서의 동일 인물에 대해 서로 다른 느낌을 갖는다는 것을 알 수 있다. 즉 첫 장면 A에서는 외모에서 세련된 첫인상을 갖는다. 그러나 B에서는 A에서 받은 첫인상과 어울리지 않는 말투를 들으면서 A에서와 전혀 다른 느낌을 지니게 된다.

A에서 본 첫인상과 B에서의 느낌의 불일치는 웃음을 유발한다. 이를 통해 단순히 외모뿐만이 아니라 그 사람의 언어 사용 방법도 첫인상을 결정한다는 사실을 알 수 있다.

첫인상과 언어 사용과의 관계를 논의하는 많은 저서에서 '타인의 말에 동의를 잘 해주는 사람', '항상 대화 간의 연결 고리를 잘 만들어 주는 사람', '대화를 나눌 때 타인을 기분 좋게 해 주는 사람', '대화 후 무엇인가 배운 느낌을 갖게 하는 사람'에게서 첫인상을 좋게 느낀다고 한다. 이 외에도 여러 요소가 있겠지만 위의 네 가지 항목을 가지고 자신의 말하는 방법을 비교해보자.

예를 들어 그룹에서 대화가 끊겼을 때 대화의 연결 고리를 잘 만들고 대화를 원활하게 잘 유도하는 사람은 첫인상이 매우 좋다. 그렇다면 나 자신은 이러한 면을 지니기 위해서는 어떻게 해야 할까?

대화의 연결 고리를 잘 만드는 사람은 쉴 새 없이 말을 많이 한다거나 자기 말만을 하는 사람을 뜻하는 것이 아니다. 예컨대 그룹에서

사람들이 영화 이야기를 하고 나자 기다렸다는 듯이 자기의 여행 이
야기를 꺼낸다든가 하는 것은 대화의 연결 고리를 잘 만드는 사람과
는 거리가 멀다. 상대방이 꺼낸 이야기 내용이나 소재에 덧붙여 자신
의 생각을 이어나갈 수 있는 사람, 이런 사람이 대화의 연결 고리를
잘 만드는 사람이다. 이렇게 하려면 무엇보다 상대방의 말을 경청할
줄 알아야 한다.

그 밖에 자신이 상대방을 유쾌하게 하는 사람인지, 상대방에게 무
언가 의미 있는 만남을 가졌다고 느끼게 하는지 생각해 볼 필요가 있
다. 나의 부정적인 말투 혹은 고압적이거나 고집을 부리는 태도가 상
대방을 불쾌하게 하지는 않았는지, 타인을 가볍게, 성의 없이 대하지
는 않았는지 돌이켜 생각해 보자. 이제 이러한 논의를 기초로 첫인상
을 좋게 하기 위한 언어 사용법에 대해 기술하기로 한다.

1) 대화 참여자와의 공통점 찾기

대화 상대방이 나와 공통점을 가지고 있을 때 좋은 인상을 받는다
고 한다. 그래서 사람들은 첫 만남에서 날씨나 상대방의 옷차림과 같
은 주제를 가지고 대화를 시작한다. 이러한 대화 소재는 처음 만난
상대에게 친밀감, 편안함 등을 줄 수 있기 때문이다.

면접에서도 마찬가지이다. 면접관의 질문에 답하면서도 면접관과

공통되는 점을 찾으려고 노력해야 한다. 면접관은 대개 40대 이상이다. 면접자 본인의 부모님이나 삼촌, 교수님들 연배이다. 그들과 자신의 공통점을 찾는 연습을 하는 것이 필요하다.

면접에서 대답을 할 때나 자기소개서 등에서 기성세대가 모르는 어휘의 나열, 기성세대가 전혀 납득하지 못하는 가치관이나 자신의 정체성에 대한 소개는 좋은 인상을 주지 못하게 된다.

언어 외적인 요소도 마찬가지이다. 귀걸이를 하거나 검정색 매니큐어를 바르는 것은 나나 내 친구에게 전혀 문제가 될 수 없지만 상대방에게는 나와 다르다는 느낌을 줄 수 있음에 조심해야 한다.

요즘은 한 집에서도 부모와 자식 간의 이념 및 생각의 차이가 크다. 그러므로 취업을 하기 위해서는 '나'의 생각이나 가치관만을 일방적으로 강조해서는 안 된다.

2) 긍정적인 언어 사용

긍정적인 언어를 사용하는 사람이 좋은 첫인상을 준다고 한다.

(1)
ㄱ. "네가 입은 옷 참 예쁘다."
ㄴ. "그치. 색이 참 마음에 들어."

ㄷ. "왜? 또 무슨 부탁을 하려고?"

(2)

ㄱ. "영희는 참 사람이 고운 것 같다."

ㄴ. "때가 묻지 않았지."

ㄷ. "곱기는. 늘 남에게 폐나 끼치지."

위 대화 (1), (2)에서 'ㄴ'과 'ㄷ'의 성격을 파악할 수 있다. 'ㄴ'은 'ㄷ'에 비해 긍정적이라는 것을 알 수 있다. 반면 'ㄷ'은 매사 부정적인 면에서 말을 하고 있음을 알 수 있다.

모든 사람들은 긍정적인 사람과 대화하는 것을 더 선호하는데, 이는 그 사람과 대화를 나누고 나면 자신 또한 긍정적인 생각을 가질 수 있기 때문이다.

예를 들어 처음 만난 사람이 '저는 제가 싫거든요', '제 부모님은 무능하세요'와 같은 말을 하는 경우 자신은 솔직하다고 생각할지 모른다. 하지만 남들은 비판적이고, 지루하며, 자기중심적이라 생각하기 때문에 이런 부정적 표현은 좋은 첫인상을 주지 못한다.

이처럼 사람들의 '염세적', '부정적', '긍정적'인 모습이나 '융통성' 여부, '고집' 있는 성격들을 언어적 표현에서 파악할 수 있다. 그러므로 나의 말하기 방법을 늘 점검해야 한다.

이를 면접에 적용해 보자. 면접에서 자신의 부정적인 모습을 보일 필요는 전혀 없다.

'제가 전공이 맞지 않아서', '취업 시험에 계속 떨어지다 보니', '제가 말을 잘 못하지만' 등은 전혀 필요하지 않은 말들이다.

자신에 대한 긍정적인 면을 부각시켜야 한다. 상대방이 나의 부정적인 면을 강조하려고 해도 그것을 긍정적으로 해석할 필요가 있다.

이처럼 우리는 '내가 생각하는 것'과 '다른 사람이 생각하는 나의 모습'이 다를 수도 있다는 사실에 주목해야 한다. 어떤 상황을 부정적인 면에만 초점을 맞추는 것을 상대방은 불쾌하게 생각할 수 있다. 물론 지나치게 긍정적으로만 말하는 것도 지혜가 없어 보이고, 불안정해 보이며, 비현실적인 사람으로 타인의 눈에는 비칠 수 있다. 지나치게 긍정적인 모습이 아니라면 부정적인 것보다는 긍정적인 것이 더 바람직하다.

3) 먼저 소개하기

먼저 자신에 대해 소개를 하면 좋은 첫인상을 줄 수 있다. 다른 사람이 나를 소개해 줄 때까지 기다리는 것은 자신이 '예의 바르고 사려 깊은 사람'으로 비치고 싶어서일 수 있다. 그러나 이러한 행동은 '소심한 사람'으로 비쳐질 가능성이 높다.

면접관 앞에서도 '네, 저는 OOO입니다'라고 먼저 소개하라. 면접관이 무슨 말을 할 때까지 기다리면서 겸손하게 '예/아니요'만 대답하는 면접자가 되지 마라.

심지어는 '이름이 김경희(京姬)인가?'라고 물으면 정말 대답할 것이 '네' 밖에 없다.

그래도 '네, 제 아버지께서 서울에 있는 여자라는 뜻으로 지으셨습니다. 그래서 저는 지방에 있는 대학을 나왔지만 아버지의 뜻을 받들어 서울에 있는 회사에 지원하게 되었습니다'라고 대답해 보자.

'자기소개를 해보세요'라는 질문에 대해서는 자신이 회사와 관련된 모든 것을 말하는 것이 좋다. 단순히 이름 석 자만을 소개하고 그친다면 좋은 첫인상을 주기 어렵다.

4) 타인에게 관심을 보이기

누구나 나에게 관심을 보이는 사람에게서 좋은 첫인상을 받는다. 그러므로 좋은 첫인상을 주기 위해서는 타인에게 관심을 보여 주어야 한다. 그렇다면 어떻게 해야 할까?

이를 위해서는 '경청의 자세'를 가져야 한다. 발언권을 쥐고 놓지 않는 사람, 쉬지 않고 말하는 사람, 남의 말에 무관심한 사람은 남을 배려하지 않고 타인에 대해 무관심한 사람이라는 첫인상을 남기게 된다.

면접을 볼 때 첫인상을 좋게 만들고 싶다면 면접관이 말하는 것을 열심히 들어야 한다. 면접관이 질문을 할 때나 다른 면접자가 대답을 할 때 다른 생각을 하거나 찡그리는 표정을 짓는 일은 첫인상을 매우 나쁘게 하는 일이다.

면접관의 질문을 들을 때 고개를 움직이며 '네'라고 짧게 대답하면서 관심을 기울여야 한다. 쉽게 말하면 공감을 표시해야 한다.
특히 상대방의 의견에 동의하고 있는가? 언어적인 방법이나 고개를 끄덕이는 등의 비언어적 방법 등으로 상대방에게 동의를 나타내고 있는지 살펴보아야 한다.

면접관 중에는 질문은 하지 않고 일장 연설을 하시는 분들이 많다. 이럴 경우 '질문은 하지 않고 웬 강연'이라는 표정은 좋은 첫인상을 주기 어렵다. 반면 그분의 말에 공감을 표시하면 좋은 첫인상을 줄 수 있다. 이를 위해서는 평소 부모님, 할머니의 끊임없는 잔소리를 정말 공감하면서, 참을 인(忍)자를 세 번 새기면서 듣는 훈련이 필요하다.

5) 크기, 억양, 속도(volume, intonation, tempo)

목소리 크기나 억양, 말의 속도 등은 첫인상을 주는데 많은 영향을 미친다. 빠르게 말하고 다른 사람보다 짧게 쉬는 사람은 실제적으로 상대방에게 감정적이고, 독선적이며, 정신이 없다는 첫인상을 주기 쉽다. 반면 너무 천천히 말하고, 다른 사람보다 더 많이, 길게 쉬는 것은 상대방에게 단조롭다는 첫인상을 주기 쉽다.

큰 목소리로 말하는 것은 상대방에게 자신감 있는 사람이라는 첫인상을 줄 수도 있지만 한편 불안한 사람이라는 인상을 줄 수도 있다. 또한 다른 사람보다 지나치게 부드럽게 말하는 것은 가식적이라는 느낌을 줄 수 있다. 이런 점을 고려하여 상황에 맞게 조절해야 하는 능력을 길러야 한다.

6) 대화하듯 말하기

발표문을 읽는 것처럼 준비된 말만 하는 사람은 '난 지적인 사람이야'라는 생각을 혼자 할 수 있지만 이는 계산적인 사람이라는 첫인상을 주기 쉽다. 그리고 남의 말을 듣기만 하고 화제 전환에 기여하지 않는 사람은 '자기중심적' 혹은 '바보'라는 인상을 주기 쉽다.

또한 한 가지 화제에만 관심을 가지는 사람에게는 '지루한 사람' 또는 '지적 호기심이 없는 사람'이라는 첫인상을 주게 된다. 강연식으

로 말하는 사람에게는 '잘난 척하는 사람' 또는 '배려심 없는 사람'이
라는 수식어가 따라다닐 수 있다.

대화를 하는 경우에도 저쪽에서 공이 오면 이쪽에서 되받아치고
다시 공을 보내는 것처럼 말의 순서 교대가 자연스럽게 이루어질 때
좋은 첫인상을 준다. 또한 화제가 자연스럽게 전환이 되며, 특히 상
대방의 말을 주의 깊게 들을 때 역시 좋은 첫인상을 준다.
　면접을 하는 경우에도 면접관과 면접자가 '입사'에 관한 화제로 서
로 대화를 나누고 있다고 생각해야 한다. 그러므로 면접자는 자기 말
만 연설조로 혹은 발표조로 전달해서는 안 된다.

7) 처음부터 끝까지 스토리를 말하지 마라

상대방이 원하는 정보만을 줄 때 좋은 첫인상을 줄 수 있다. 처음
부터 세세하게 말하는 화법은 좋은 첫인상을 주기 위해서는 핵심만
말하는 것이 중요하다.

(3) "회사가 먼데 어떻게 왔어요?"

ㄱ. "네, 12번 버스를 타고 오다가 21번 버스로 갈아타고 그리고
　　5분쯤 걷다가…"
ㄴ. "이 회사에 입사하고 싶은 열망이 커서인지 먼 길인지 모르

고 왔습니다. 오다가 보니 주변 경치도 좋고 해서 꼭 다니고
싶다고 생각했습니다."

여러분이 면접관의 입장이 되어 (3-ㄱ)과 (3-ㄴ)을 비교해 보자. 'ㄱ'에 비해 'ㄴ'에게 훨씬 관심이 갈 것이다.

학창시절 봉사 활동에 대해 말하라고 하였는데 그들이 어떻게 나를 반겼고, 그래서 몇 시간 동안 무엇을 했는지 등을 세심하게 말하는 것보다 원하는 핵심 내용을 말하는 것이 좋다. 봉사활동에서 새롭게 안 내용, 그것이 회사에서 어떻게 쓰일 수 있는가 하는 것을 제시해야 한다.

8) 유머, 잘 써야 한다

처음부터 끝까지 유머만 쓰는 사람은 자칫 '속없는 사람'으로 비쳐질 수 있다. 면접에서 실없이 농담인 유머를 구사하는 것은 잘못된 인상을 주기 쉽다.

흔히 유머를 섞어서 쓰라고 말한다. 그러나 대개의 유머가 사람을 비하하거나 지방색을 나타내는 내용이 많다는 점에서 유의해야 한다. 그리고 가벼운 사람이라는 인상을 주기도 쉽다. 상황에 적절하게 유머를 사용해야 한다.

9) 사적인 질문은 하지 말라

하면 안 되는 질문(개인적 질문 또는 콤플렉스 등)을 하는 사람은 '공격적(남에게 상처주려는)인 사람' 또는 '눈치 없고 둔한 사람'으로 비쳐질 수 있으므로 삼가야 한다. 그리고 특수하고 세부적인 말을 많이 하는 사람들(전공 분야에 대해서, 혹은 전문직 종사자들)은 '지루한 사람'이나 '타인의 관심사를 생각하지 않는 눈치 없는 사람'이라는 첫인상을 줄 수 있다.

면접관에게 '제가 너무 말을 못하지요?', '제 목소리가 너무 컸나요?', '다른 사람은 잘 하나요?' 등의 질문을 하는 면접자도 있는데 이는 쓸데없는 것이다. 면접관은 '질문을 하는 사람'이고 면접자는 '대답을 하는 사람'이라는 사실을 명심하자.

10) 적절한 자아 노출

대화는 상대방과 적절하게 그 수위를 조절하며 이루어져야 한다. 상대방이 자아 노출을 하는 만큼 나도 하는 것이 좋다. 상대방이 별로 원하지도 않는데 기본적인 정보를 나누기도 전에 자아 노출을 하는 경우가 있다.

말하는 사람 자신은 솔직하고 정직하다고 생각하지만 타인에게는 상황에 맞지 않고 자기중심적이며 고집 있는 사람이라는 의미로 전달

될 수 있다.

면접에서도 마찬가지이다. 면접관이 묻는 것 외의 정보를 주어 부적절하게 자신을 노출하지 말아야 한다. (4)에서의 대답은 적절하다고 보기 어렵다. 앞에서 제시한 Grace의 '양의 격률'에도 어긋난다.

    (4) "왜 이 회사에 왔는가?"
        "우리 아버지가 여기 상무시거든요."

이와 관련하여 반복되는 정보를 주는 경우 상대방에게 이기적이거나 확신이 없는 사람으로 보일 수 있다. (5)에서의 대답은 불필요한 정보를 반복적으로 제공하는 것이다.

    (5) "제가 외국 연수 갔을 때인데요, 제가 일본에 갔을 때, 영국에
        갔을 때…"

지나친 자아 노출은 상대방으로 하여금 부담스럽고 매력이 없다고 느끼게 한다. 반면에 자아 노출을 전혀 하지 않는 경우 자신은 신비롭다고 생각할지 모르나 상대방은 그렇게 생각하지 않는 경우가 있다.
면접관이 '어디 사세요?'라고 묻는데 신비주의자가 아니라면 우물쭈물할 필요가 전혀 없다. 그리고 면접관이 뻔한 질문을 하더라도 성실하게 대답을 해 주는 것이 좋다.

11) 질문의 유형과 관련 없이 단답형으로 답하지 마라

모든 질문에 '네', '아닙니다', '열심히 하겠습니다'라고만 대답하는 면접자는 성의 없다는 첫인상을 주기 쉽다.

질문의 유형에는 열린 질문과 닫힌 질문이 있다. 열린 질문은 '~에 대해 어떻게 생각하세요?'와 같은 유형이며 닫힌 질문은 '그런가요? 아닌가요?' 식으로 '예/아니요'의 대답을 요구하는 것이다.

면접자는 면접관의 질문 유형과 관련 없이 자기의 의견을 피력해야 한다. 나에게 발언 순서가 돌아오면 조금이라도 나에 대한 정보를 주고자 노력해야 한다. 그 기회를 그냥 단답형으로 넘겨 버리면 안 된다. 모든 질문에 단답형으로만 대답하면 성의가 없다고 느껴지기 쉽다.

(6) "집이 머네요."

ㄱ. "네."

ㄴ. "네, 좀 멀지만 회사 업무를 보는 데에는 문제 없습니다."

ㄷ. "네, 그런데 회사 합격하면 이사 올 거예요."

'네'라고 답해서 틀린 것은 아니다. 그러나 면접관이 집이 먼 사실을 언급한 의도를 생각해 보자. 그런 의미에서 (6-ㄱ)보다는 (6-ㄴ, ㄷ)이 보다 효율적인 대답이라고 여겨진다.

12) 말투와 유행어 남용

유아스런 말투, 지나치게 여성스럽거나 남성스러운 말투, 말끝을 흐리는 말투, 말을 질질 끄는 말투, 딱딱한 말투 여부, 외래어나 외국어를 많이 사용하는 것 등은 모두 좋은 첫인상을 주기 어렵다. 유아스러운 말투는 성숙하지 못해 보여서 미숙하다는 인상을 준다.

유행어의 사용은 좋은 첫인상을 주기 어렵다. "나를 디스하지 마세요", "4학년 때 비로소 공부 돌아서", "공부하는데 그분이 오셔서", "회사에서 원하는 인재상이 저랑 씽크로율 100%입니다" 등과 같은 외국어, 유행어 사용은 하지 않는 것이 좋다. 더욱 '디스', '돌아서', '그분', '씽크로율' 등은 면접관에게는 낯선 단어들이다.

[4] 첫인상을 좋게 하기 위한 비언어적 표현 방법

흔히 사람들은 비언어적 표현 방법이 자신과 비슷할 경우 상대방의 첫인상이 좋다고 느낀다고 한다. 첫인상을 좋게 만들기 위한 비언어적 표현 방법은 다음과 같다.

1) 웃음

웃음은 첫인상을 좋게 하는 가장 좋은 방법이다. 그러나 면접과 같은 긴장된 상황에서 대부분의 사람들은 웃지 못하고 딱딱하게 굳어 있다. 긴장하지 말고 웃는 것이 좋다. 다만 억지로 웃어서 비웃음의 형태로 나타나서는 곤란하기 때문에 많은 연습이 필요하다.

2) 평범한 옷차림

예를 들어 파란색을 좋아하기 때문에 머리부터 발끝까지 파란색 톤으로 통일하여 옷을 입었다고 가정해 보자. 그 사람은 그저 파란색이 좋아서 그렇게 했을 수 있지만, 보는 사람은 '우울한 사람', '강박관념이 있는 사람' 또는 '특이한 사람'으로 보고 첫인상을 나쁘게 평가할 수 있다.

그리고 평소의 옷차림과 다른 면접 당일의 옷차림은 어색할 수 있다. 예를 들어 평소에 슬리퍼에 트레이닝 바지에 모자를 눌러 쓰고 다니던 사람이 면접 당일에 정장을 입는다면 본인도 불편하고 보는 사람도 불편한 우스꽝스러운 차림이 될 수도 있다.

자신이 지원하는 직종에 어울리는 옷차림이나 그에 어울리는 헤어스타일 등을 미리 준비하여 익숙하게 만드는 것도 첫인상을 좋게 하는 방법 중 하나가 될 것이다.

3) 표정

사람들은 상대방의 표정에서 1차적 정보를 얻게 된다. 따라서 자신이 전달하려는 메시지와 어울리는 표정을 지을 때 상대방에게 좋은 첫인상을 줄 수 있고 더불어 내용 전달력도 높아진다.

예를 들어 무표정하거나 찡그린 얼굴을 한 면접자는 자신감도 없고 성의도 없어 보인다. 게다가 무표정한 사람들은 표정으로 감정을 드러내는 사람들에 비해 신뢰도도 떨어진다. 반면 미소를 띠면서 담담한 표정의 면접자는 자신감도 있고 확신에 차 보일 것이다.

면접관의 관점에서 얼굴 표정은 음성 언어의 의미를 제대로 파악하게 도와주는 중요한 보조 수단이다. 특히 그 사람의 감정적 상태나 의지, 열정 등을 보여준다. 최대한 긍정적인 느낌의 얼굴 표정을 연습하고, 자신이 전하는 내용에 어울리는 표정으로 면접관 앞에 선다면 좋은 인상을 남길 수 있을 것이다.

4) 시선

사람들은 그 사람을 쳐다보고 눈이 마주치면 대화를 시작한다. 눈을 맞춘다는 것은 내가 지금부터 당신과 대화를 시작하겠다는 뜻을 알리는 일종의 신호가 될 수 있다. 또한 상대방과 시선을 공유함으로써 화자와 청자는 교감을 한다.

그렇다면 면접에서 효과적인 시선 처리는 어떻게 해야 될까? 우선 면접관을 골고루 쳐다봐야 하고, 면접관의 눈을 바라보아야 한다. 허공을 바라보거나 준비해 온 원고를 보기 위해 자꾸 아래로 시선이 향하는 모습은 지금 매우 불안하고 자신감이 없다는 인상을 주게 된다. 서양에서는 상대방의 눈을 마주보는 것이 진정한 의사소통이라고 한다. 그러나 동양 문화권에서는 조금 차이가 있다.

특히 어르신들이나 어려운 자리에서 대화를 나눌 때 어린 사람 혹은 아랫사람이 상대방의 눈을 너무 똑바로 쳐다보며 말을 하면 그리 좋은 인상을 주지 못하는 경우도 있다. 또 상대방에게 지나치게 도전적으로 보일 수도 있다. 하지만 어려운 자리에서라도 시종일관 시선을 떨구는 것보다는 가끔씩 눈을 들어 상대방을 바라보며 이야기하는 것이 바람직하다.

시선은 '공적 시선'과 '사교적 시선', '친근한 시선' 세 가지로 나눌 수가 있다. '공적 시선'이란 상대방의 눈을 중심으로 이마 부분까지 걸쳐 시선을 주는 것이고, '사교적 시선'이란 상대방의 눈을 중심으로 입까지 걸쳐 역삼각형 모양으로 시선을 주는 것이다. '친근한 시선'이란 상대방의 두 눈과 턱 아래를 지나 신체의 다른 부분까지도 바라보는 것이다.

그렇다면 면접관과 이야기할 때의 시선 처리는 어떻게 하는 것이 적절할까? 공적인 관계이니만큼 공적 시선을 사용하고, 상대방에게 편안함을 주기 위해 사교적 시선을 적절히 섞어서 대화를 나눈다면 좋은 인상을 줄 수 있을 것이다.

5) 자세

자세는 몸을 움직이는 '몸짓'과 손을 움직이는 '제스처'로 구분하여 설명할 수 있다. 몸짓은 말하는 내용과 분위기를 고려하여 의도적으로 적당히 움직여 주는 것이 좋다. 그리고 분위기나 상황이 변한다는 신호가 필요한 지점에서 몸을 움직여 주는 것도 효과적이다. 제스처는 자연스럽게 팔 전체를 움직이면서 역동적으로 사용한다면 상대방에게 확신과 열정을 느끼게 할 수 있다.

서양의 토크쇼나 연설 등을 보면 그 사람들은 몸짓이나 제스처를 상당히 많이 사용한다는 것을 알 수 있는데 동양에서는 이들처럼 과도하게 사용하지는 않는 편이다. 특히 공적인 상황에서는 더욱 그러하다. 쓸데없이 몸을 많이 움직이는 것은 분위기를 산만하게 하기도 하고 경박스러운 인상을 주기도 한다. 그렇다고 로봇이나 조각상처럼 뻣뻣하게 서서 말하는 것은 상대방을 지루하게 하고 긍정적인 인상을 주기도 어렵기 때문에 피해야 한다.

첫인상은 자신의 노력 여하에 따라 바뀔 수 있다. 말이 빠르다면 약간 천천히 해 보자. 그러면 느긋하고 부드러운 첫인상을 주게 된다.

남을 쳐다보지 못하고 시선을 피한다면 이를 악물고 상대방의 눈과 가끔씩 마주쳐 보자. 소극적이고 내성적인 사람으로 보이던 첫인상이 적극적인 사람으로 보여질 것이다.

첫인상을 좋게 하기 위해 옷이나 외모에 투자하는 만큼, 혹은 그보다 더 많이 언어 사용 방법에 유의하자. 후자에 투자하는 것이 효과가 더욱 빠르고 경제적이라는 사실을 명심하자.

나의 말하기 방법 분석

앞에서 면접에서의 첫인상의 중요성에 대해 설명하였다. 그리고 첫인상이란 외모가 아니라 말하는 태도, 어조, 속도 및 이와 관련된 비언어적인 표현 등에서 느껴지는 것이라고 하였다.

이처럼 말하는 방법은 첫인상을 결정하는 중요한 요소이므로 자신의 말하는 방법에 대해 살펴볼 필요가 있다. '60초의 첫인상은 60개월의 시간을 필요로 한다'라는 책 이름이 있다. 이것은 첫인상이란 수많은 시간과 노력으로 형성된다는 것을 뜻한다.

이제 앞에서 제시한 첫인상을 좌우하는 요소를 잘 살펴보고 자신의 말하는 방법을 살펴보기로 하자. 말을 잘 하기 위해서는 나 스스로의 말하는 방법에 대해 알아야 하기 때문이다.

약점과 장점에 유의하면서 녹음기로 들어보거나, 다른 사람에게 물어보는 것도 필요하다. 녹음기, 핸드폰의 동영상, VCR로 찍어서 녹화 테이프 보기, 타인과의 전화 통화를 녹음하면서 살펴보아도 좋다.

여러분은 중요한 자리에 갈 때 거울을 몇 번이나 보면서 옷 입은 모습을 관찰할 것이다. 그리고 누군가에게 입은 옷차림이 적절한지 물어보고 확인할 것이다.

말하기도 마찬가지이다. 내가 말하는 내용이나 방법이 상황에 적절한 지 여부는 끊임없이 관찰하고 분석해야 한다. 목소리, 속도, 태도, 자세 등을 객관적으로 살펴보는 것이 말을 잘하는 시작이다. 혹은 면접에서 성공하는 첫걸음이다.

이제 자기의 말하는 방법을 분석하기로 한다. 몇몇 예를 제시하면 다음과 같다.

말하기 방법을 분석하면서 '내'가 이렇게 '말'을 '잘 못하는지' 몰랐습니다. 부모님 앞에서 말을 하고, 부모님께서 지적해 주시는 내용을 아래와 같이 정리했습니다.

말하기 팁	나의 말하기에 대한 분석
동의	−고개를 끄덕이거나 관심이나 흥미를 표현할 만한 질문을 하는 등의 행동을 합니다. 이는 평소 표현을 하지 않는 사람들을 상대로 말을 할 때 당황스러웠던 제 경험에서 나오는 것 같습니다.
말투	−평소 말투는 여성스럽고 애교가 있습니다. 하지만 이는 면접 상황에서, 그리고 제 외모와 상반되는 말투로 고쳐야 할 필요성이 있다고 생각합니다. 조금 더 정확하게 말하는 연습이 필요합니다.
크기, 억양, 속도	−평소에 조용한 목소리로 말을 하지만, 면접이나 프레젠테이션을 할 때에는 상대방과의 거리를 고려하여 말합니다. 무미건조하다는 느낌을 주는 단조로운 억양을 구사합니다.
말하기 습관	−평소에 무표정으로 말을 하고 처음 보는 사람에게 별 다른 관심을 보이지 않는 편입니다. 그렇기에 제 자신이 생각하는 제 첫인상은 다소 차갑고 재미가 없습니다. 하지만 여러 사람 앞에 있거나 혹은 면접에서는 말 하는 것에 대한 흥미를 가지고 어필하려고 노력하는 편이지만 어색하다는 점에서 부족함이 많이 있다고 생각합니다.

발언권	−상황에 따라 다르겠지만, 기회가 왔을 때 제 의견을 말하고 주로 조용히 계시는 분들에게 의견을 묻고 대화를 유도합니다.
비언어적 표현	−당황하면 눈을 필요 이상으로 많이 깜빡이고, 침을 삼키고 어색한 웃음 소리를 냅니다, '생각할 시간을 주십시오'라고 당당하게 말하기보다 '음…'이라고 시간을 끄는 경향이 있습니다. 이런 실제 면접에서의 태도 역시 반드시 고쳐야 한다고 생각합니다.
표정	−실제 면접에서는 활짝 웃는 것보다는 살짝 미소를 띠는 편입니다. 긴장이 많이 되어서 활짝 웃을 수가 없습니다.
아이 컨택 (eye-contact)	−상대방이 말을 할 때 아이 컨택을 꾸준히 하면서 최대한 너의 말을 잘 듣고 있다는 느낌을 주기 위해 노력합니다.
긍정적인 말 부정적인 말	−부정적인 혹은 단점에 대해 말하는 것에 익숙하지 않습니다. 긍정적인 말을 하는 것도 좋지만 계속 그런 말하기 태도를 보이는 것은 다른 사람과 차별되지 않는 식상함을 줄 수도 있다고 생각합니다. 내 자신에 대해 냉철하게 판단하고 부족한 점을 채우기 위해 노력했다라는 극적인 멘트의 준비가 부족합니다.
자세	−서 있을 때는 공수 자세를 취하고, 앉아 있을 때에는 곧은 자세를 유지하려고 노력합니다.

　제가 관찰한 내용을 분석해 본 결과 제가 생각해 왔던 저의 말하기 모습과는 많이 다른 모습을 보게 되었습니다. 고등학교 때 총학생회장을 역임하며 여러 번 연설을 했었던 경험도 있던 터라 나름대로의 자신감이 있었지만, 스스로 분석을 해본 결과는 저에게 충격을 주었습니다.

말투	－제가 듣기에도 '부자연스럽게' 지나치게 딱딱하고 억눌린 듯한 음성으로 말을 하고 있었습니다. 누가 들어도 '아! 이 사람의 평소 말투는 이렇지가 않을 텐데' 하는 생각을 가지게끔 하는 부자연스러운 말투였고, 억지로 남성스러워 보이려는 의도가 엿보이는 말투였습니다.
억양	－스스로 절대 그럴 일이 없을 것이라고 굳게 믿어왔지만, 놀랍게도 저 스스로 말끝을 흐리고 있었습니다. 억양 자체가 처음에는 자신있는 듯 크게 나오다가 마지막에 문장을 흐리진 않지만, 소리가 줄어들고 굉장히 자신없어하는 목소리로 변하고 있다는 사실을 알게 되었습니다. 연설하던 습관이 남아서인지 말의 시작 부분은 굉장히 강하게 나오고, 그 때문에 뒷부분은 자연스레 억양과 세기가 반감되는 것 같습니다.
속도	－억양과는 반대로, 제 말하는 속도는 처음에는 신중한 듯 천천히 나오다가 뒤로 갈수록 점점 빨라진다는 것을 알게 되었습니다. 원인이 무엇인지 가만히 생각해보니 첫 부분에서는 생각을 하고 말을 하기 때문에 신중하게 나오지만 뒤로 갈수록 저 스스로도 무슨 말을 하고 있는 것인지 모르고 말을 이어가고 있었습니다. 즉 생각이 정리되지 않은

	상태에서 무엇인가를 말하려 할 때 저도 모르게 속도가 굉장히 빨라진다는 사실을 알게 되었습니다. 평소에 친구들과 대화할 때에도 제 말하는 속도가 남들보다 조금은 빠르다는 것을 알게 되었습니다.
시선	−녹음을 한 것이기 때문에 당시 제가 말하던 모습은 담지 못했지만, 스스로 아직도 기억이 납니다. 거울을 보며 통화했기 때문에 어떤 말을 했을 때 시선이 불안했는지 정확히 생각이 납니다. 스스로를 소개하면서 자격증 시험공부를 한 것과 그 시험을 합격한 것을 말할 때 특히 제 눈이 갈피를 못 잡았습니다. 지금 돌이켜 생각을 해보면 제가 속으로 '잘난척하는 게 아닌가'라는 생각과 함께 '아직도 그 시험에 대해 누가 질문을 한다면 자신이 없을 것'이라는 생각을 무의식 중에 하고 있기 때문인 것 같습니다.

　저는 조사를 위해 저 혼자의 말하기를 녹음하지 않고 친구에게 영상전화를 걸어 자연스럽게 통화한 것을 녹음하였습니다. 짧은 녹취(19분)와 제한된 조건(친한 친구, 편안한 환경, 일상적인 소재)으로 인해 많은 것을 알 수 없었지만 얻은 것이 있었습니다. 저의 목소리가 제 귀에 들리는 것과는 정말 다른 목소리라는 것과 어느 정도 대화에 포인트를 준다는 것, 하지만 발음이 좋지 않다는 점을 알게 되었습니다.

소리	−저의 음성은 저의 생각보다는 더 낮은 편이었습니다. 조금이지만 신뢰성을 주는듯한 저음이었고 말하기의 속도측면에서 큰 변화는 없었지만, 살펴보면 말하다가 중간 중간 포인트 부분을 말하기 전에 끊어 말하는 측면이 있었습니다. 크기 면에서는 성량의 큰 변화는 없었으며 어조부분에서는 평이하다가 제가 말하고 싶은 말이나 강조할 때, 상대방의 주장에 동의하지 않을 때 어조를 높이어 말을 하였습니다.
발음	−녹음내용을 듣다가 저의 좋지 않은 부분을 발견했는데 그것은 발음이 좋지 않다는 점입니다. 제가 비염으로 인해 항상 코가 막혀있어서 발음이 좋지 않은 줄은 알고 있었지만 생각보다 발음이 제대로 되지 않아 듣는 사람이 저의 말을 알아듣지 못하여 다시 그 부분을 재언급하는 경우가 종종 있었습니다.
말투	−표현이 생각나지 않을 때 저는 그냥 재미없다 관심없다라는 인상을 주는 "음", "그래?", "아." 등과 같은 말투를 사용하여 대화의 분위기가 식거나 대화가 끊기는 현상이 발생 하였습니다

비언어적 표현	-친한 친구와의 통화여서 저는 강조점이라든지 친밀감을 표시할 때 비언어적 표현을 사용하였습니다. 비언어적 표현을 중간 중간 남발하는 것이 아닌 제 말의 강조점을 줄 때 비언어적인 표현이나 극존칭의 표현을 사용하였습니다.
시선	-저의 습관은 말을 할 때 상대방의 눈을 보면서 말을 하는 습관이 있습니다. 항상 상대방과 눈을 보며 말을 하면 대화하기가 좀 더 수월해지기 때문입니다(상대방의 눈을 보며 말하면 상대방이 지루한가, 흥미가 있는가에 관해 바로바로 알 수 있고, 청자의 입장에서 보면 말하는 사람이 진실되게 말하는 것인가, 거짓을 말하는가에 관해 어느 정도는 파악이 되었습니다)

나는 동영상을 찍으면서 말을 하였습니다. 동영상을 재생하여 보면서 내가 생각하는 모습과 다른 점을 발견할 수 있었습니다.

속도와 발음	−평소에 지적을 많이 받는 부분입니다. 말할 때 속도가 빠르고 발음이 부정확하여서 걱정을 많이 하고 있습니다. 촬영 때 나름 신경을 써서 녹화를 했음에도 불구하고 전체적으로 말이 빨랐고, 발음 또한 부정확한 부분이 많아 웅얼대는 느낌이 있습니다.
억양	−이전에 녹음된 목소리를 듣고 귀에 들리는 목소리와 달라 놀랐던 적이 있는데 이번에는 대체로 편하게 들을 수 있었습니다. 중저음에 목소리로 귀에 꽂히는 목소리는 아니지만 부담 없이 들을 수 있는 목소리 같습니다.
화법	−전체적으로 자연스럽게 이어지지 못하고 딱딱 끊기는 것 같아 매끄럽게 연결되지 못했습니다.
자세	−말할 때 고개가 우측으로 약간 삐뚤어지는 모습이 많았습니다. 동영상 찍을 당시는 전혀 의식하지 못한 부분이었는데, 고개가 곧지 못하니 전체적으로 자세가 삐딱한 것 같아 보기 불편했습니다.
표정	−입을 벌릴 때, 중간 중간에 윗입술과 아랫입술이 대각선으로 벌어질 때가 있었습니다. 어렸을 때, 턱을 괴는 안 좋은 습관으로 턱 관절이 좋지 않아 생긴 문제인 것 같습니다. 이 문제는 병원을 찾던가 습관적으로 신경을 써야 하겠습니다.

표정	−발표할 때 긴장을 많이 하고, 벌렁증이 있어 표정을 신경을 쓸 때가 많습니다. 녹화화면에서도 표정은 비교적 자연스러웠습니다.
시선	−대화상대가 사람이 아닌 카메라여서 판단하기는 어렵지만 부담 없이 카메라 렌즈를 응시하며 말할 수 있었습니다. 평소에도 대화상대방과 시선을 맞추며 대화하는 것은 특별한 어려움이 없습니다.

　저는 말하기 분석을 함에 있어 두 가지 방법을 사용했습니다. 첫 번째는 핸드폰을 이용해서 제 스스로를 소개하는 동영상을 촬영해 봤고 두 번째로 동아리에 새로 들어오는 신입생들과 대화를 하면서 의식적으로 저 스스로를 되새겨 보았습니다.

말투	－새로 들어온 신입생들을 상대로 제가 활동 하고 있는 동아리에 대해서 설명할 때는 생각했던 것 보다 더 많은 비속어를 사용했습니다. 반대로 동영상을 찍을 때는 잘 해야겠다는 생각에 긴장을 했었는지 말투도 군대로 돌아갔던 것처럼 '다나까'를 사용했고 말투가 늘어지는 경향이 있었습니다. 또 두 가지 경우 모두 이야기의 시작은 잘 하나 끝맺음이 불완전했습니다. 그래도 실제로 대화를 하는 경우에는 제가 말을 던지고 나면 후배들이 웃는 경우가 많아서 어색하지 않았지만, 동영상을 촬영할 때는 말과 말 사이의 흐름이 끊기는 경우가 많았습니다.
제스처	－신입생들을 대할 때나 동영상을 찍을 때나 별다른 차이는 없었습니다. 전 주로 무언가를 설명할 때 양손을 이용하여 흔들거나 가리키거나 했습니다. 동영상을 촬영해보기 전까지는 몰랐는데 실제로 제 모습을 보니 너무 산만해 보였습니다.
다음 대화가 생각나지 않을 때	－앞서서 얘기하던 주제가 끝나고 다음 주제에 대해서 생각을 하게 되면 전 항상 눈이 좌측으로 돌아가는 버릇이 있었습니다. 평소에 대화를 할 때 아이 컨택을 중요하게 생각하는 편인데 동영상의 제 모습을 보니 자칫 잘못하면 대화를 할 때 시선을 피한다는 느낌을 받을 정도로 느꼈습니다.

긴장하거나 흥분했을 때	─긴장하거나 흥분했을 때 말투가 빨라지는 경향이 있습니다.
목소리와 발음	─하이톤이고 약간의 비염이 있어 자칫 가벼워 보이는 목소리일지 모르지만 발음이 뚜렷한 편이어서 제가 하는 말을 상대방이 알아듣지 못하는 경우가 거의 없었습니다.
호흡	─대화를 하면서 중요한 단어와 그렇지 않은 단어를 구분지을 줄 알며 각 단어의 포인트나 끊어서 말하기가 능숙합니다.
시선	─대화와 대화 사이에 흐름이 끊기지만 않는다면 상대방의 눈을 바라보려고 노력합니다.

　지금까지 몇몇 사람들이 자신의 말하기 방법을 분석한 예를 살펴보았다. 제시된 예들을 참고로 하여 끊임없이 자신의 말하는 방법을 분석해 보자. 세련된 옷차림을 위해 우리는 얼마나 시간을 투자하는가? 그런데 사실 세련된 옷차림보다 더 중요한 것이 말하는 방법이다. 끊임없이 분석하고 고쳐 나가자. 자신이 말한 것을 녹음한 내용을 자꾸 들어 보는 것이 가장 먼저 필요하다. 이렇게 하여 자신의 장·단점을 파악한 후 고치려고 노력을 해야 한다.

　자신의 말하는 방법에 대해 이처럼 열의와 정성을 가지고 연구하면 면접만이 아니라 일상 언어생활에도 많은 도움을 줄 수 있다. 대화 상대자를 정해놓고 말을 한번 해 보자. 두 사람이 짝을 지어 연습을 하는 것이 좋다. 여의치 않다면 거울을 상대방이라고 가정하고 한번 해보자. 상대방에게 자신의 다음과 같은 면을 체크리스트에 표시해 달라고 하자.

① 상대방에게 자신을 효과적으로, 상황에 적절하게 소개할 수 있는가?

② 비언어적 표현 방법을 적절하게 활용하는가?

③ 상투적인 말을 사용하는가? 그렇다면 자신만의 용어를 사용하는 것은 어떨까?

④ 욕을 하거나 거친 말을 하는가?

⑤ 다른 사람의 약점을 드러내면서 유머를 사용하는가?

⑥ 되도록 긍정적인 언어를 사용하고 있는가?

⑦ 다른 사람의 실수를 보거나 들으면 못 참는가?

⑧ 대화하듯이 말을 하는가?

⑨ 대화 참여자와의 공통점 찾는 방법을 아는가?

무슨 말을 어떻게 해야 할지 몰라서 어색한 웃음만 날리고 있지는 않았는지, 당황하여서 손동작이 커지고 상대방의 얼굴을 쳐다보지 못해 허공만 바라보지는 않았는지, 상대방이 전혀 관심을 주지 않는 말만 하지 않았는지 확인해라.

아주 작은 것도 그냥 넘어가지 말아라. 보이는 것, 들리는 것을 경청하려고 해라. 그리고 그 사람을 느끼려고 애써라. 자신의 말하는 방법이나 언어 습관을 관찰하는 것이 제일 먼저 필요하다.

사고(생각)는 언어를 지배한다고 주장하는 학자들이 있다. 면접에서 말을 잘하기 위해서는 긍정적 생각에서 출발해야 한다. 특히 다음과 같은 부정적인 생각은 버리자.

① 면접관이 날 좋아하지 않을 거야. 어른들은 나 같은 타입을 별로 좋아하지 않으니까.

② 말을 잘하는 사람들은 절대로 '어', '음-그러니까' 이런 말들은 하지 않아.

③ 떨려서 죽을 것 같아. 긴장을 풀 수가 없어.

④ 아무 생각도 안 날 것 같아.

⑤ 내 사투리 억양과 발음이 심해서 내 말투가 웃긴다고 생각하

면 어쩌지?

⑥ 면접관이 내가 모르는 걸 물어보면 어쩌지?

위와 같은 부정적인 생각 대신 다음의 긍정적인 생각으로 대신하자.

①´ 대부분의 면접관들이 호의적인 반응을 보여줄 것이고, 그러면 난 잘 할 수 있을 거야.

②´ 약간 더듬더라도 특별히 문제가 되지는 않을 거야. 내용이 중요하고 진실된 태도가 중요하니까.

③´ 약간 긴장하고 불안감을 느끼는 건 당연하지. 난 얼마든지 이 상태를 극복해 낼 수 있어

④´ 여러 번 연습해서 스피치의 기본 구조를 알고 있으니까 걱정 없어.

⑤´ 면접관은 내 사투리가 아니라 내가 말하는 내용을 듣고 싶어 하는 거야.

⑥´ 난 여태까지 면접에서 물어볼 전공, 시사 상식 등의 주제에 대해 충분히 공부했어. 어떤 질문에도 내가 아는 범위 내에서 대답할 수 있어.

이처럼 부정적인 태도를 긍정적으로 바꾼다면 말을 더 잘할 수 있을 것이다. 생각이 말하는 방법이나 내용에 관여하기 때문이다.

커뮤니케이션 피트니스 센터에 등록하기

커뮤니케이션 피트니스 센터에 등록하기

앞 장에서 '나의 말하기 방법'에 대해 분석해 보았다. 이러한 분석 방법을 토대로 하여 말하기 습관을 고쳐보기로 한다.

좀더 잘 말하기 위해서는 피트니스 센터에 가서 운동을 하듯이 말을 하는 훈련을 해야 한다. 이러한 이유로 말하기 연습이나 훈련을 하자는 것은 '커뮤니케이션 피트니스 센터에 등록하자'로 표현했다.

우리의 육체가 매일 운동을 필요로 하듯이 우리의 '말'도 '훈련'과 '연습'을 필요로 한다. 이런 의문을 제기할 수 있다.

- ‣ 의사소통 기술은 선천적으로 타고난 것이 아닌가?
- ‣ 훈련한다고 바꿀 수 있을까?
- ‣ 의사소통 기술이 입사 혹은 회사 생활에 필요한 것일까?

이 세 가지 질문에 대한 답은 모두 '예스'이다.

의사소통 능력 즉 말하는 능력은 선천적으로 타고 난 것이 아니므로 훈련을 통해 바꿀 수 있으며 이 능력은 입사 시험이나 회사 생활에서 반드시 필요하다.

『Tongue Fu』라는 책 제목이 있다. 이는 'Kung Fu'라는 중국 무술에서 따온 것으로 쿵푸 훈련하듯이 혀(tongue)를 훈련하자는 것이다. 즉 말하기 훈련의 필요성을 강조한 책 이름이다.

고객과의 상담, 상대 회사의 설득, 사원들과의 원활한 대화를 위해서는 이 모든 것이 필요하다. 상황을 파악하는 능력도 모두 여기에서 출발한다. 이 센터에의 등록은 선택 사항이 아니라 의무 사항이다.

여러 단계의 훈련이 필요하겠지만 이 장에서는 5개 항으로 제시한다. 이들을 하루에 한 가지씩 해 보자. 즉 매일매일 서로 다른 목표 설정을 하고 그것을 실행해 보기로 한다. 이것을 통해서 가장 중요한 것은 말하기란 훈련하면 고쳐질 수 있다는 것을 배우는 것이다.

[1] 나쁜 언어 습관 제거하는 연습

피트니스 센터에 가면 제일 먼저 목표 체중을 설정한다. 그리고 식습관을 변경하려고 노력한다. 조깅하는 사람들은 땀을 흘려야 하고 힘들고 고통스럽다.

이와 똑같이 말하기도 훈련을 해야 한다. 이 과정도 힘들다. 피곤할지라도 포기하지 말아야 한다. 커뮤니케이션 피트니스 센터에 등록하면서 즉시 실천 가능한 목표를 설정해 본다. 즉각적으로 실천 가능한 것들을 설정한다. 몇몇 예를 제시하면 아래와 같다.

> ‣ 욕이나 비어를 사용하지 않는다.
> ‣ 소리를 지르지 않는다.
> ‣ '결과만 말해'라고 하지 않는다.
> ‣ 조카와의 대화를 하기 위해 아이가 좋아하는 게임을 미리 해보거나
>   그에 대한 정보를 모은 다음 30분 동안 한 번도 화를 내거나, 인상
>   쓰지 않고, 아이 한 번, 나 한 번, 서로 순서 교대를 하면서 말을 한다.
> ‣ 흥분한 상황에서도 천천히 차분하게 말해본다

이러한 목표 설정을 하고 다른 사람과 말을 하면서 실행하려고 노력하는 시간을 갖는다. 이를 통해 연습과 훈련으로 나의 말하는 방법이 개선될 수 있다는 것을 인식한다.

그러므로 목표 설정에 있어 아주 작은 것에서부터 실천한다. 자신의 목표를 설정을 하고 그것을 고치려고 노력한다.

수술하고 죽만 먹는 친구 앞에서 피자를 시켜 먹는 것은 배려의 태도가 아니다. 이러한 배려는 말하기에도 있다. 사회를 잘 보는 MC의 말하기를 관찰하면서 배려하는 방법을 살펴보자. 상대방을 배려하는 말을 한다는 것은 아주 중요한 일이다.

(1) ㄱ. "우리 아이가 시험을 잘 못 보았어요."

ㄴ. "어머 그래요? 우리 애는 올백 맞았는데, 아이가 뭐 이상한 짓 하는 거 아니에요."

ㄷ. "성장기 아이가 다 그렇지요. 시험이 인생의 전부인가요."

(1-ㄴ)에서의 대응 방법은 상대방을 배려하면서 말을 하는 것이 아니다. (1-ㄷ)처럼 말하는 것이 상대방을 배려하는 것이다.

그런데 면접에서 내가 상대방을 배려하는 표현을 하는 것이 쉽지 않다. 그런데 꼭 필요하다. 이게 무슨 의미일까? 면접에서 다음과 같은 질문을 받았다고 가정해보자.

(2) "뭐 하나 장점이 보이지 않는데?"

ㄱ. "성적이 인생의 전부는 아니잖아요?"

ㄴ. "어떻게 그런 말씀을!"

(2)와 같은 가상 질문에 대한 답을 만드는 연습을 하면서 면접관을 배려해 보자. (2-ㄱ, ㄴ)과 같은 대답은 발끈하는 것으로 대답하는 것이 아니다. 더욱 면접관을 배려한 것이 아니다.

앞에서 언급한 것처럼 면접관이 나를 무시하거나 아니면 당락을 결정하는 투로 말을 하더라도 상대방을 배려하여 해석해야 한다. 즉 모두 '내가 필요한 인재임'을 알리는 계기로 해석하는 것이 필요하다.

면접관은 나를 비난하려 하는 것이 아님을 명심하며 내가 능력이 있다는 대답을 준비해 보자. 상대방이 나를 배려한 질문이라고 스스로 느끼면서 대답할 준비를 하자.

이때 상대방의 기분을 맞추면서 말하려고 노력하지 말자. 물론 비굴할 필요까지는 없다. 눈치를 보지 말자.

면접에서 면접자는 면접관과 동등한 관계를 유지하려고 노력해야 한다. 면접관은 단지 나보다 회사를 일찍 들어온 사람이다. 그 선배가 나를 배려해서 '그런데 너 내가 보지 못한 장점이 있니'라고 질문했다고 생각하고 대답을 준비하자. 그렇다면 (2)의 질문에 다음과 같은 대답을 할 수 있다.

(3) ㄱ. "처음 보면 그런데요. 조금 시간을 두고 천천히 살펴 보시면 제 장점이 엄청 많습니다. 말씀해 드리겠습니다."
    ㄴ. "딱 하나 있는데요. 그것은 이 회사에 적임자라는 사실입니다."

(3)처럼 말하면서 다른 능력이 있어 남들과 구별될 수 있음을 알릴 수 있도록 연습해 보자. 천천히, 당황하지 않고 자신의 장점을 표시하는 시간으로 만들어 보자.

(4) "왜 치마를 입지 않고 왔느냐. 행사 도우미 업무는 섹시함이 좀 있어야 하는데 본인도 그렇게 생각하느냐"

ㄱ. "이런 질문은 성차별을 하는 질문인데요."
ㄴ. "전 행사도우미가 참 좋거든요. 왜냐하면 늘 새롭기 때문이죠."

(4-ㄱ)처럼 눈을 부릅뜨면서 대답하지 말자. (4-ㄴ)처럼 화제를 전환하자. 아니면 "치마 많습니다. 다음에 합격하면 입고 다니겠습니다."라고 하자.

얼굴을 찌푸리지 말자. 그러므로 이런 가상 질문에 대한 답을 만들면서 끊임없이 연습해야 한다.

(5) ㄱ. "자네는 동기들보다 나이가 많은데, 나는 어린 사람을 쓰고 싶다네."

ㄴ. "모든 분들이 그러실 겁니다. 맞습니다. 그런데 저와 이틀만 생활해보면 제 나이가 24살이라고 여겨지게 될 것입니다."

(5-ㄴ)처럼 대답하면 사람들은 면접자를 매우 특별하게 생각할 것이다. 이러한 대답을 하기 위해서는 면접관을 아주 오래된 친구, 혹은 굉장히 나에게 영향을 주었던 사람, 아주 오래된 단골손님인 것처럼 상상하는 것이 필요하다.

그렇다면 그가 하는 말에 떨리지 않고 자연스럽게 대답할 수 있다. 저승사자 얼굴 대신에 옆집 아저씨의 얼굴을 생각하자.

이때 발을 비틀거나 팔짱을 끼거나 해선 안 된다. 그러면 면접관은 나에 대해 올바르게 판단할 수 없다. 또한 상대방의 호칭에 유의해보자. '면접관님'이라고 하자. '~씨', '~선생님' 등의 표현은 사용하지 말자.

이를 위해서 가장 필요한 것이 공감 능력이다. 면접에서 공감 능력은 상상 이상으로 중요한 역할을 한다. 면접관과의 공감은 라포르를 형성하여 면접자들의 모습을 분명하게 더 드러낼 수 있다.

공감을 하기 위해서는 면접은 질문에 대한 답만 하는 자리가 아니라 서로 대화하는 자리라고 여기는 것이 필요하다. 그러므로 잔뜩 얼어붙어 묻는 말에 단답식으로만 대답하지 말자.

스스로 '너무 긴장해 있네. 편하게 얘기하자'와 같은 표현을 하면서 긴장을 풀어보자. 면접관이 다소 심문투로 말을 하더라도 부드럽게 해석하자. '아, 저분은 표현이 좀 거치시고 무뚝뚝하시구나' 혹시 실수라도 하면 '이런, 제가 좀 마음이 급해서… 죄송합니다만 다시

해도 될까요?'라고 말하자.

　유연한 사고, 부드러운 자세로 서로 대화한다는 마음가짐으로 임하
는 것이 면접에 필요하다. 그리고 상대방의 언어를 함께 사용해 보자.
면접관들에 맞는 언어를 사용해라. 그들이 사용하는 명사, 동사, 형용
사에 유의하면서 들어 보자. 그리고 그들이 사용하는 언어로 표현하
면 라포르가 형성되어서 면접의 효과가 충분하다.

　면접관들의 언어와 면접자들 언어는 여러 면에서 다를 수 있다. 언
어는 사회의 변화에 따라 변하기 때문이다.

　면접관들이 관청 용어(official terminology)나 문어투의 말을 사용하면
나도 그러한 어휘를 사용해야 한다. 면접관은 나보다 아날로그 세대
이다. 언어 사용도 마찬가지이다. '무척 어렵지요'보다는 '무척 난해
하다'가 더 효과적인 경우도 있다.

(6)
ㄱ. 기분 좋습니다 ← 아, 신나요 ← 캡 짱입니다.
ㄴ. 칭찬해 주셔서 감사합니다 ← 정말요? ← 헤헤, 기분 좋네요.
ㄷ. 토지가격 ← 땅값
ㄹ. 가격이 저렴하다 ← 값이 싸다

　왼쪽으로 갈수록 면접관들의 나이나 사회 경험에 맞는 어휘 선택
이다. 마찬가지로 '중국은 땅덩어리가 넓고 자원이 많아요'보다는 '중

국은 지역이 광대하고 자원이 풍부하다' 식으로 표현하는 것이 아날
로그 세대 면접관들에게 익숙하다. 단어 선택에 유의하자.

[3] 잘 듣는 연습

　면접 과정은 '질문 – 답 – 질문 – 답'으로 이루어지므로 면접관이나
면접자에 모두에게 필요한 것은 듣는 능력이다. 듣는 연습이 필요한
것은 같은 말을 하여도 올바로 들을 수도 있지만 못 알아듣거나 제멋
대로 이해할 수도 있기 때문이다. 그러므로 면접관의 말을 올바로 이
해하도록 잘 듣는 연습을 해보자.

　면접관 중에는 혼자 발언권을 쥐거나, 쉬지 않고 말하거나, 면접자
의 말에 무관심한 사람도 있다. 그래도 면접자는 열심히 듣고 동의
표시를 해야 한다. 그래서 다음과 같은 목표를 정하고 실천해보자.

> ‣ 상대방의 말에 미소를 지으며, '아, 그래'라는 반응을 보이면서 끝까
> 　지 들어준다.
> ‣ 부모님이나 할머니 말씀을 끝까지 미소를 띠면서 듣는다.
> ‣ 여자(남자) 친구의 말에 흥미를 가지고 듣는다.

말을 하는 것보다 듣는 속도가 빠르다. 들으면서 다른 행동을 할 수 있는 것도 이 때문이다. 적극적으로 듣는다는 것은 적극적으로 참여한다는 것이다. 면접관이 비록 길게 말을 할지라도 경청의 자세로 들어야 한다. 때로는 '아, 네', '그렇습니다'와 같은 맞장구도 쳐주어야 한다.

면접관이 부적절하거나 올바르지 않은 정보를 가지고 면접할 때 면접자는 침묵하거나 거부감을 나타낼 수 있다. 그러나 면접자는 잠시 생각할 틈을 가지면서 침묵을 통해 면접 진행 속도를 조절해야 한다.

면접관이 무슨 말을 하든 흥미를 보여야 한다. 동의에 대한 표시, 감정에 대한 이해, 의견 표시 등을 얼굴에 나타내야 한다.

[4] 상황에 적절하게 대답하는 연습

대답은 면접에서 아주 중요한 것이므로 장을 달리 하여 언급할 것이다. 커뮤니케이션 피트니스에서는 일상에서의 질문에 대한 대답하는 방법에 대해 생각하기로 한다. 일상에서 우리는 다양한 형태로 다양한 내용에 대해 질문을 받는다.

아무리 하찮은 질문이라도 성의껏 대답하는 연습을 해보는 것이 필요하다. 그리고 내가 하는 대답이 질문을 하는 사람의 의도에 맞는지도 살펴본다.

(7) "왜 빨래를 이렇게 개었니?"

　ㄱ. "도와 줘도 난리야."

　ㄴ. "어, 그래, 어떤 방법으로 빨래 개기를 원했어? 내가 다시
　　　할게."

(8) "엄마 좀 도와줄래?"

　ㄱ. "엄마는 꼭 이럴 때만 말해요. 하여튼 타이밍 못 맞추는
　　　데는 귀신이야."

　ㄴ. "엄마, 내 도움이 필요해요? 근데 지금 너무 급하니까 5분
　　　만 기다려 주세요."

　(7), (8)에서는 거의 같은 내용의 대답이지만 (7-ㄴ), (8-ㄴ)은 (7-ㄱ), (8-ㄱ)에 비해 자기의 입장을 충분하게 설명하고 있다. 반면 (7-ㄱ), (8-ㄱ)은 비난조로 대답을 하고 있음을 명심하자. 이처럼 일상에서의 질문에 대답하는 방법을 충분히 연습을 하면 제한된 면접 시간에 어떠한 질문이라도 충분히 여유를 가지고 대답할 수 있다.

　이러한 점들에 유의하면서 훈련 과정을 거쳐야 한다. 식스팩이 하루 이틀에 걸쳐 만들어지는 것이 아니다. 오랜 시간 피트니스센터에 다녀도 몸에 별 변화가 없듯이 뚜렷한 변화가 없을 수도 있을 것이다. 그러나 오랜 시간의 연습은 반드시 좋은 결과를 이룰 것이다. '말하는 훈련'도 '식스팩 훈련'만큼 시간과 열정을 필요로 한다.

　이런 훈련 즉 준비기간을 통하여 '말을 한다는 것' 혹은 좀 더 구

체적으로 '면접을 한다는 것'은 반드시 훈련과 연습이 필요하다는 것을 인식해야만 한다.

특히 면접 훈련에서는 '일반 의사소통 기술+면접 기술+특수화된 보다 전문적인 기술'을 필요로 한다. 회사에서 필요로 하는 인물을 뽑기 위한 여러 기법이 있으므로 이들 각각에 대한 훈련이 되어 있어야 한다.

[5] 상황에 적절하게 쓰는 연습

이제 커뮤니케이션 피트니스센터 마지막 단계이다. 앞에서 제시한 [1]-[4]까지는 주로 말하기와 관련된 연습을 하였다. 나쁜 언어 습관을 제거하고, 상대방을 배려하고, 잘 듣고, 상황에 적절하게 대답하면 어느 정도 말하기는 잘할 수 있을 것이다.

그런데 우리의 의사소통은 말하기만으로 이루어지는 것은 아니다. 문자언어를 통한 쓰기로도 이루어지므로 이에 대한 것도 연습을 해야 한다. 면접에서는 자기소개서 작성이나 PPT 작성 등이 모두 쓰기와 관련되어 있다.

말하기도 그렇지만 쓰기에서도 목적과 상황을 고려하여야 한다. 나는 지금 누구를 대상으로, 무엇을 목적으로, 왜 글을 쓰는가에 대한 인식이 분명하게 있어야 한다.

쓰기 전 무엇을, 어떻게 쓸 것인가에 대해 생각해야 한다. 그리고 글을 쓸 경우에는 일정한 형식에 맞추어 써야 한다. 모든 글쓰기에서 가장 중요한 올바른 맞춤법, 띄어쓰기 등에 유의해야 한다. 이것은 쓰기에서 가장 중요한 요소이다.

요즘 핸드폰, 이메일, 메신저 등을 활용할 때는 자수의 제한 등으로 인해 이들이 많이 훼손되고 있는 실정이다. 물론 친구와 가벼운 잡담을 위한 이들의 훼손은 맥락에 따라 이해할 수 있다.

그러나 공적인 상황에서의 글쓰기에서는 이러한 것들이 용납되지 않는다. 공적인 상황에서는 지나치게 개인적인 내용이나, 자신의 감정을 함부로 드러내지 않도록 유의해야 한다. 특히 이모티콘 등과 같은 것을 사용해서는 안 된다. 우리의 쓰기 연습은 공적인 상황이라는 것을 염두에 두어야 한다. 한번 쓴 글을 고치고, 다듬은 연습 과정이 필요하다.

이러한 점들에 유의하면서 상황에 적절하게 쓰는 연습을 하기로 한다. 이것은 매일매일 신문 사설을 읽고, 그 사설에 대한 자신의 의견을 요약하여 보는 것으로 충분하다. 아마 6개월쯤 해보면 자신감도 생길 것이고 자신의 글쓰기 능력이 향상되었음을 스스로 느낄 수 있을 것이다.

조금만 더 욕심을 내고 싶다면 동일 사건에 대한 서로 다른 매체의 관점을 비교, 검토한 후 정리를 하는 것도 좋다. 매일매일 이러한 훈련을 하면 자기소개, 자기소개서, 면접 대답하기 등에서도 많은 도움을 줄 것이다.

이런 연습과 함께 자기 삶에서 기억나는 많은 일화들을 현재의 삶과 관련지어서 쓰는 연습을 하는 것도 필요하다. 취업하고자 하는 대상과 자신과의 경험, 특정 지역에 여행 했을 때의 경험과 현재 내 삶과의 관련성 등을 생각하면서 글을 쓰는 훈련이 필요하다.

다음에 소개하는 내용은 (9) 군대 경험, (10) 여행 경험, (11) 자신의 전공 등을 모두 '석유'와 관련하여 기술하고 있다. 이 글을 쓴 사람은 석유 관련 회사에 취업을 하고자 자신의 모든 경험을 이와 관련짓고 있다. 뚜렷한 목표 의식과 준비를 엿볼 수 있다.

이러한 일관성 있는 쓰기 연습은 자기소개서 등에 도움을 줄 수 있다. 그런데 이 글쓴이는 석유와 관련 있는 경험만을 한 것일까? 그렇지는 않을 것이다. 동일한 경험이나 자신이 처한 상황을 하나의 눈으로 일관되게 보고 관찰한 결과이다.

(9)
　　공군에 입대한 저는 유류관리병을 지원하여 군대에서도 석유와 관련된 업무를 하였습니다. 군복무 시절 체계적인 유류관리와 민간 유류업체와 원만한 관계를 맺으며 록펠러의 뒤를 이어 '오산기지 석유왕'이라는 별명을 얻었습니다. 이처럼 석유(Petroleum)에 관련된 전공지식 뿐만 아니라 실무경험과 국내외 석유시장의 흐름을 파악하는 능력도 가지고 있습니다.

(10)

저는 40일간의 미국대륙횡단 여행을 한 적이 있습니다. 차를 타고 미국 대륙을 가로질러 보고 싶다는 생각만으로 미국, 영국, 덴마크, 호주 등 12명의 친구들을 모았습니다. 한 대의 밴을 타고 LA를 시작으로 남부의 뉴멕시코, 뉴올리언스 등을 거쳐 뉴욕에 도착하는 여행이었습니다. 모두 다른 국적과 나이, 문화를 가진 우리들은 함께 잘 어울렸지만 갈등을 완전히 피할 수는 없었습니다. 하지만 그 가운데 현명하게 관계를 맺어가고, 서로를 이해하며 소통하는 방법을 몸으로 깨달았습니다.

전공업무의 특성상 해외파견이 많고 다양한 국적의 사람들과 만나야 할 때에 이런 경험은 큰 도움이 될 것이라고 확신합니다. 낯선 문화에 노출되는 것을 겁내지 않고 다양한 사람들과의 만남을 즐기는 성격을 가진 저는 '석유○○'의 큰 자산이 될 것입니다.

(11)

저의 전공은 지구환경과학입니다. 환경을 공부하는 전공과 석유는 서로 극명하게 대립되어 있는 것이 사실입니다. 많은 사람들이 오일머니, 검은돈 등과 같은 용어로 석유에 대한 부정적인 시

그동안 면접에 대한 논의는 면접자가 면접관의 질문에 어떻게 답을 할 것인가 하는 '답'에만 초점이 맞추어져 있다. 그 결과 질문에 어떻게 답해야 하며, 그것을 어떻게 평가하는 가에 대한 가이드라인이 없었다.

이것은 참으로 백지에 그림을 그리는 것과 같은 것이다. 그래서 면접에 관한 많은 미신 같은 이야기들이 떠돌았다. 자기소개서 보는 면접관에 따라 누구는 사진만 보고, 누구는 해외 경력만 보고 점수를 준다는 이야기. 면접관이 웃기는 이야기를 좋아하는 사람이라서 웃기는 이야기를 한 사람에게 점수를 많이 주었다는 것 등이 그것이다.

이런 말에 현혹될 필요는 없다. 물론 면접자의 입장에서는 '대답'에만 초점을 맞출 수 밖에 없다. 그러나 어떻게 대답하느냐에 따라 면접관의 원하는 질문을 유도할 수 있다. 면접자는 이러한 전략을 길러야 한다.

이러한 전략은 의사소통 능력을 지닐 때 맞출 수 있다. 그러므로 부단한 연습을 통해 여러분은 준비된 모습을 보여 줄 수 있어야 한다.

부호화(encoding)와 해석(decoding)

제7장
부호화(encoding)와 해석(decoding)

이 장에서는 부호화(encoding)와 해석(decoding)의 개념에 대해 배운 후 이를 면접에서의 질문과 대답 방법에 적용하기로 한다. 이미 앞장에서 간간이 이들 개념에 대해 설명하였다. 이 장에서는 이를 보다 본격적으로 설명하기로 한다.

[1] 의사소통 과정에서의 부호화와 해석

의사소통은 공통 또는 공유를 뜻하는 라틴어 '커뮤니스(communis)'에서 유래한 말로 발신자와 수신자가 공유한 기호를 통하여 서로 정보나 메시지를 전달하고 수신하여 공통된 의미를 수립하는 것이다.

이를 다시 말하면 언어적 혹은 비언어적 표현을 통해 서로 정보를 주고받으면서 공통된 주제를 이루어 나가는 것이다. 정보를 주고 받기 위해서는 의견을 '표현하고' 상대방의 의견을 '이해하는' 과정이 필요하다. 그런데 이러한 표현과 이해 과정에서 '부호화'와 '해석'이 올바로 이루어져야 한다. 예를 들어 설명하기로 한다.

'배가 고픈 경우' 우리는 '배가 고프다'고 표현한다. 즉 '배가 고프다'고 부호화(encoding)한다. 그러면 이 표현을 문자 그대로 '배가 고프다'고 이해한다. 부호를 푸는 것을 해석(decoding)을 하였다고 한다.

그러나 사람들은 동일한 내용을 참으로 다양하게 표현할 수 있다. 예를 들어 '영화 보러 갈래?'의 부호화 방법을 제시하면 아래와 같다.

(1)

ㄱ. "영화 보러 가자."

ㄴ. "요즘 XX가 참 인기더라."　　　　　➡ 언어적 의사소통

ㄷ. "나 용돈 생겼는데, 영화 좋아하지?"

(2)

손가락으로 영화관을 가리킨다.　　　　　➡ 비언어적 의사소통

의사소통은 (1)처럼 언어로 표현하는 '언어적 의사소통'(verbal comm-
unication) 방법과 (2)처럼 표정, 태도와 같은 '비언어적 의사소통'(non-
verbal communication) 방법으로 분류할 수 있다.

위에 보는 것처럼 동일한 내용을 서로 다르게 표현하는 것은 개인
의 경험이나 성격 등에 따라 부호화 하는 방법이 다르기 때문이다.
해석화하는 방법도 이와 동일하다.

"요즘 XX가 참 인기더라."라는 표현을 (3)처럼 다양하게 해석할 수
있다.

(3)
ㄱ. "그 사람 나오는 영화 보자고?"
ㄴ. "그 사실은 대한민국 사람이라면 다 알지."
ㄷ. "좋아, 그 영화 보자."
ㄹ. "인기가 좋다고? 그게 나랑 무슨 상관?"

(3ㄱ~ㄹ)처럼 서로 다른 반응은 각기 자신의 입장에서 부호를 풀기
때문이다. 즉 해석(decoding)방법이 듣는 사람의 경험이나 맥락에 따라
다르기 때문이다.

그러므로 의사소통이 제대로 이루어지기 위해서는 자기가 나타내
려는 뜻을 언어적 요소 혹은 비언어적 요소를 사용하여 올바로 부호

화해야 한다. 듣는 사람은 이러한 부호화된 내용을 맥락에 맞게 올바로 해석해야 한다. 이를 위해서는 공유하는 맥락(환경)에 대한 이해가 있어야 한다. 그래야 표현(부호화)과 이해(해석)의 상호작용이 잘 이루어진다.

앞에서 설명한 것처럼 우리가 생각한 것을 다양하게 표현하는 것도 모두 주어진 맥락과 관련된다. '내일 영화관 갈래요?'라는 제의를 거절하고 싶을 때 (4-ㄱ, ㄴ, ㄷ)으로 다양하게 부호화한다.

(4)
ㄱ. "싫어요."
ㄴ. "글쎄 내일 PT 발표가 있어서…"
ㄷ. "전 요즘 영화관 가면 머리가 아파서…"

(4)와 같은 표현은 듣는 사람 즉 수신자의 환경, 말하는 습관에 대한 지식이나 상황의 공유가 없다면(맥락을 공유하지 못한다면) 상호작용을 하지 못한다. 그 결과 올바른 해석을 할 수 없어서 다음과 같이 표현하기 쉽다.

ㄴ. "글쎄 내일 PT 발표가 있어서…"
ㄴ'. "PT와 영화가 무슨 관련이 있어? 영화 보자니까?"
ㄷ. "전 요즘 영화관 가면 머리가 아파서…"

ㄷ′. "영화관 가서 머리 아픈 사람이 어디 있니."

위의 예처럼 공유하는 맥락이 없으면 대화 참여자 간에 상호작용이 잘 이루어지지 않아 부호화와 해석 과정이 올바로 이루어지지 않는다. 그 결과 (4-ㄴ′, ㄷ′)처럼 (4-ㄴ, ㄷ)의 거절 표현을 올바로 해석하지 못하는 눈치 없는 사람이 된다.

"나는 개랑 도저히 의사소통을 할 수 없어."
"우리는 말이 안 통해."

이런 말은 부호화와 해석의 과정이 올바로 이루어지지 않을 때 나타난다. 우리의 일상생활을 올바로 하기 위해서는 상대방이 의도한 바를 올바르게 이해하고, 또한 내가 나타내려는 의도를 올바르게 표현하는 능력이 요구된다. 그러나 이게 쉽지 않다. 그것은 서로의 경험과 삶이 다르기 때문이다. 남녀의 대화가 어렵고 할아버지와 손자의 대화가 어려운 것은 이 때문이다.

[2] 면접 과정에서의 부호화와 해석

이와 같은 의사소통 이론에서의 부호화와 해석의 과정을 면접에 적용하면 성공적인 면접이란 면접관이 말한 것을 올바로 해석해 내고, 그에 맞게 표현해 내는 것이라 할 수 있다.

면접관들은 면접자들의 언어적, 비언어적 표현에 대한 부호화와 해석에 대한 고도의 능력을 가지고 있다.

면접관은 (5)처럼 직접적으로 묻지 않는다. (5)처럼 질문하면 별다른 해석의 과정을 필요로 하지 않아 면접자들의 의사소통 능력을 파악하기 어렵기 때문이다.

(5) "너는 리더십이 있니?"

대개는 (6-ㄱ, ㄴ)처럼 직접적인 의미가 드러나지 않도록 부호화한다. 그러므로 면접자의 입장에서는 (6-ㄱ, ㄴ)과 같이 부호화한 것을 면접관의 질문 의도에 맞게 해석하는 과정이 필요하다. 질문한 의도에 맞게 올바르게 해석할 수 있는 면접자의 의사소통 능력을 파악하고자 하는 것이다.

(6) ㄱ. "당신은 팀 플레이를 잘 합니까?"
ㄴ. "팀 플레이를 할 때 어떤 위치에 있었습니까?"

그러나 이와 같은 부호화 과정을 모르는 면접자들은 그 질문의 의도를 올바로 상황에 맞게 해석하지 못한다. 이처럼 의사소통이 안 되는 사람은 눈치가 없다. 눈치가 없는 사람은 상황을 판단하지 못한다.

따라서 순발력 있게 어떤 상황에 대처하지 못한다. 결국 의사소통 능력이 없다는 것은 요즘 회사에서 필요로 하는 순발력이나 문제 해결력이 없다는 것을 뜻한다. 그리고 이것은 회사에서 필요로 하는 인재 유형이 아니다.

이처럼 면접관은 면접자의 모습을 파악하기 위해 (7-ㄱ)처럼 의미가 바로 드러나도록 부호화하지 않고 (7-ㄴ)처럼 부호화한다.

(7)

ㄱ. "너는 다른 사람과 협동적이니?"

ㄴ. "대학교 때 팀 플레이를 어떻게 했니?"

ㄷ. '아, 면접관은 내가 협력적이며 리더십이 있는가를 묻고 있구나'

ㄹ. "프로젝트 팀에서 개인적 갈등이 생겨났을 때 어떻게 극복할 생각입니까?"

ㅁ. "저는 학창시절 팀 플레이에서 언제나 독보적인 존재였습니다. 저의 능력으로 프로젝트 팀의 갈등을 제쳐두고 혼자서라도 목표를 완수할 자신이 있습니다."

의사소통 원리에 의해 면접을 준비한 사람들이라면, 면접관의 의도를 재빨리 파악하고 머릿속에서 (7-ㄷ)처럼 생각할 수 있어야 한다. 이런 해석 과정이 있어야만 면접관의 의도에 맞게 대답할 수 있다.

이러한 의도를 가지고 부호화했다는 점을 이해하지 못한 면접자는 (7-ㄹ)과 같은 질문에 대해 (7-ㅁ)처럼 대답할 것이다. 이렇게 대답하는 면접자를 면접관은 협동심, 리더십도 없는 것만이 아니라 면접관의 의도를 전혀 파악하지 못하며, 의사소통 능력도 없는 눈치가 없는 지원자라고 생각한다.

(8)
ㄱ. "당신의 인생에서 가장 힘들었던 점은 언제였습니까?"
ㄴ. "당신이 지망한 영업직과 관련해서 어려웠던 일이 있었는지, 있었다면 그것을 어떻게 극복했습니까?"

(8-ㄱ)에서 면접관은 면접자가 정말 힘들었던 한때를 궁금해 하는 것이 아니라는 것을 지금까지 이해하지 못한 학생은 정말 눈치가 없는 사람이다. 면접관의 위와 같은 질문은 (8-ㄴ)처럼 해석해야 한다.

면접은 사적인 대화가 아니다. 그러므로 모든 질문은 필연적으로 해당 직업과 관련되어 있다. 이것을 간과한다면 면접자는 (8-ㄱ)과 같은 질문에 대해 직업과는 상관없는 자신이 힘들었던 시기를 '정말 소설책 3권쯤' 되는 자신의 고생담을 이야기할 것이다. 그러나 면접관은 인생 상담자가 아니다. 그러한 이야기를 들을 이유가 없다.

이처럼 면접에서의 대답 방법은 질문의 의도를 해석하는 방법(decoding)과 관련지어야 한다. 면접의 목적에 따라 질문은 일정한 의도를 가지고 부호화(encoding)되므로 부호화 된 표현을 면담 목적에 맞게 해석하는 것이 필요하기 때문이다.

　　(9) "맨홀 뚜껑은 왜 둥글까요?"

　　ㄱ. "만든 사람 마음입니다."
　　ㄴ. "모르겠습니다."
　　ㄷ. "그것을 왜 내게?"

　(9)와 같은 질문은 창의성을 알아내기 위해 부호화한 것이다. 그러므로 이를 그저 문자적으로 해석하여 대답한 (9-ㄱ, ㄴ, ㄷ)은 적절하지 않은 것이다. 앞에서도 언급한 것처럼 면접에서의 대답은 정답 맞히기가 아니다. 질문의 의도를 이해하고 그것을 적절하게 대답해야 한다.

　　(10) "개미는 어떻게 나눌 수 있나요?"

　　ㄱ. "개미는 '머리', '가슴', '배'로 나눌 수 있습니다."
　　ㄴ. "개미는 여러 가지로 나눌 수 있습니다."

　(10-ㄴ)은 분명히 우습다. 웃고 난 후 '맞다'라고 생각하면 신선하다. ㄴ의 답은 절대로 틀린 것은 아니다. 그러나 이것이 질문한 사람

의 의도는 아니다. 그러므로 해석을 올바로 하지 못했다.

때로 '결혼 여부, 재산, 부모님 재산' 등에 대한 곤란한 질문을 받을 경우 혹은 '왜'로 시작하는 질문을 통해 비난, 인정하지 않음, 동의하지 않음과 같은 의미를 느낄 때에라도 면접자는 최대한 그 질문을 자기가 취업에 합당한 형태로 해석해야 한다.

(11)

ㄱ. "어, 시골 출신이네. 촌놈이 이런 일류 회사에 들어오면 문화 충격이 없을까?"

ㄴ. "노처녀인데 히스테리 없어요?"

분명 면접관은 올바른 방법으로 질문하지 않고 있다. 그러나 면접자는 이를 최대한 '나를 보기 위한 방법이구나'로 해석하면서 대답할 것을 생각해야 한다. 분노를 나타내거나 논리적으로 따지거나 해서는 안 된다.

(11)

ㄱ' "네. 시골 출신입니다. 그런데 요즘은 친환경적인 것이 대세라서 바로 이 회사에서도 대세로 활약할 수 있습니다."

ㄴ' "요즘 인플레이션 시대라서 노처녀 나이까지도 상승했습니다. 전 아직 노처녀가 아닙니다. 그러므로 성격이 좋습니다."

다만 대답하다가 신나서 (12)처럼 대답하는 실수를 범하면 안 된다.

　　(12) "성격 완전 짱입니다."

　앞의 6장의 (6)을 통해 설명한 것처럼 면접관들의 언어가 아니며 더욱이 공적인 상황에 적절한 어휘는 아니기 때문이다. 그런데 면접 상황에서 면접관이 조금만 맞장구를 쳐주면 긴장을 풀어 (12)처럼 일상의 언어 습관이 나오기 쉽다.

　연습해야 하는 이유가 여기에 있다. 여기에서 명심할 구절이 있다. '속지 말자, 면접관의 맞장구를.'

　이처럼 궁극적으로 취업에 목적을 둔 취업 면접에서 모든 질문과 답은 '취업할 회사에서 근무할 수 있는 능력'에 초점을 두고 표현되며 해석되어야 한다. 면접에 다양한 유형이 있고, 질문이 여러 가지로 표현된다 하더라도 이와 관련 없이 표현과 해석은 회사에 근무할 수 있는 능력에 중점을 두고 이루어져야 한다.

　빠르게 변화하는 환경에서 일한 경험을 묻는 질문에는 조직력, 리더십, 판단력, 의사소통 능력, 상황 적응력 등을 잘 나타내 줄 수 있는 답을 해야 한다.

　'지금 다니는 대학의 입학 동기를 묻는 질문'에 대해서 (13)과 같은 대답이나 '사회 경험이 무척 부족해 보인다'는 질문에 대한 (14)와 같은 대답은 정말 무의미한 대답이다.

> (13) "수시를 여러 군데 썼는데, 합격한 학교 중 제일 괜찮은 것
>   같아서…"
> (14) "학생의 본분은 역시 공부라고 생각합니다."

마찬가지로 (15)처럼 묻는 질문에서는 '영화 감상과 관련된 회사 적응 능력'을 보여 줄 수 있어야 한다.

> (15) "취미가 영화감상이라고?"

> ㄱ. "아… 네, 뭐 그냥 좋아하는 편이라 자기소개서에 썼습니다.
> ㄴ. "네 영화를 좋아합니다. 요즘 본 영화는 ○○○○○인데요.
>   이 영화에서 주인공이 바로 IT 기술자입니다. 그 영화에서
>   자동차, 빌딩 등에서 IT 기술의 활용양상을 볼 수 있었습니
>   다. 그 영화에서는 이러이러한 기술이 나오는데요. 그중 저
>   는 이러한 기술에 관심이 많습니다."

(15-ㄱ)보다는 (15-ㄴ)이 좋은 대답이라는 것은 누구나 알 수 있을 것이다. 영화감상이라는 취미를 묻는 질문을 통해 자신이 회사에서 요구하는 업무에 관심이 많다는 것을 알려줄 수 있는 것이다.

면접하기(interviewing)중 대답하기

제 8 장
면접하기(interviewing)중 대답하기

이 장에서는 면접에서 면접관의 질문에 대해 대답하는 방법에 대해 논의하기로 한다. 대개 면접에 관한 논저에서는 면접의 유형을 의견 면접(opinion based interview)과 역량 면접(Competency Based Interview) 등으로 구분한다. 따라서 면접 유형에 따라 대답하는 방법을 고려해야 한다. 이를 달리 말하면 면접에서 나오는 질문은 대개 어떤 현상에 대한 생각이나 가정 상황에 대한 의견을 묻거나 면접자의 과거 행동으로 미래 행동을 예측하고, 특정한 상황에서 취한 면접자의 대응 방식을 묻는 것 등으로 분류할 수 있다는 것이다.

이러한 질문은 여러 방법으로 표면화 된다. 즉 열린 질문으로 상대방의 정보를 이끌어 내려고 하기도 하며, 일부러 질문자의 편견을 가지고 질문하기도 하며, 직선적이지 않게 돌려서 전략적으로 질문하기도 한다. 그런데 면접자의 입장에서는 이러한 유형에 현혹되지 말아야 한다.

면접관들은 질문의 유형을 바꿔가면서 면접자에게 질문을 하더라도 면접자는 면접관의 전략적인 질문이 유도하는 것에 넘어가지 말고, 상황과 목적에 맞는 말하기로 면접 당사자가 직무 능력이 있다는 것을 끊임없이 인식하게 해줘야 한다.

[1] 면접관들의 대답 분석 기준

면접에서 좋은 답이란 면접관이 면접자에게 관심을 갖고 경청해서 들을 수 있는 것이어야 한다. 이러한 대답 조건은 흔히 면접에서는 분명한 태도로 발음을 명확하게 하며 또박또박 대답하라는 조언과는 다소 어긋날 수 있다.

그러나 아무리 또박또박 대답해도 면접관의 관심이나 의도에 맞지 않는다면 좋은 대답이라고 하기 어렵다. 따라서 '큰소리로 대답하라', '눈을 맞추어라'처럼 면접관의 입장이나 관점을 고려하지 않은 일방적인 말하는 방법에 대한 논의는 크게 도움이 되지 않는다.

면접관은 같은 종류의 정보를 얻어도 해석과 평가는 다르게 하는 경향이 있다. 그러므로 정보나 감정을 간략하게 요약하되 구체적으로, 솔직하며, 상투적이지 않은 자세로, 일관성 있게 제시해야 한다. 그리고 남과 구별되는 면이 있다는 것을 강조해야 한다.

면접관이 단답형의 질문을 던져도 면접자 자신의 능력과 장점이 드러나도록 길게 대답하여 면접관에게 더 많은 정보를 제공하도록 해야 한다. 그리고 면접자 자신이 계획 설정 능력과 조절 능력이 있음을 보일 수 있어야 한다.

특히 면접관은 면접자들의 부정적 면을 평가하는 데 익숙하다. 그러므로 면접자는 대답을 할 때 어떤 인물을 나쁘게 평가하거나 상황을 비관적으로 보는 것과 같은 부정적인 표현은 되도록 하지 않는 것이 좋다.

면접관은 '좋은 사원'에 대한 고정 관념이 있다. 그 고정관념이란 조직적인 면, 의사소통 기술, 탄력적인 사고, 신뢰, 리더십, 협력적, 책임감이 있다는 것을 뜻한다. 그러므로 면접자는 이러한 조건이 드러나도록 내용을 구성하는 것이 바람직하다. 또한 그 직업에서 가장 필요로 하는 요소를 가진 사람임을 기술해야 한다.

면접관은 집중할 수 있는 답을 원한다. 면접관이 집중할 수 있는 대답은 남과 구별되지 않는 상투적인 것이 아니다. 뭔가 새로운 내용으로 대답을 통해 다음 발화를 이어갈 수 있는 것들이다.

　몇 번을 강조하지만 '고향'을 묻는 질문에 '청도입니다'라는 대답
보다는 '곶감과 소싸움으로 유명한 청도입니다'라고 대답하는 것이
보다 효율적이다. 왜냐하면 이 대답을 통해 다음 질문의 실마리를 던
져 줄 수 있기 때문이다.

　면접자는 자신에게 긍정적 가치를 부여하고, 에너지가 넘침을 보여
주거나 약속을 잘 지키는 것과 같은 모습을 보여주는 것이 필요하다.
현재의 모습과 함께 미래의 모습을 보여 줄 때 더 좋은 대답으로 평
가할 수 있다. 기억하기 쉽고, 감동을 주고, 공감을 얻을 수 있는 설
득적인 표현을 쓰는 것이 좋다.

[2] 대답 내용 구성 방법

　면접자는 미리 예상문제에 대한 대답 방법을 준비해야 한다. 대답
하는 방법은 여러 유형이 있다. 면접 목적 및 질문의 의도에 따라 대
답하는 방법을 선택해야 한다. 그러나 방법과 관련 없이 면접자는 모
든 내용을 회사에서 필요로 하는 인재임을 보이도록 대답을 구성해야
한다.

　① "5년 뒤 당신은 어떤 위치에 있고 싶습니까?"

② “휴일에 무엇을 합니까?”

③ “가장 최근에 읽은 책은 무엇입니까?”

④ “무엇을 가장 자랑스럽게 생각합니까?”

위와 같은 질문에 대해 모두 회사의 업무와 관련된 것들로 대답해
야 한다.

① “5년 뒤 저는 아이 아빠가 되어 있겠지요.”

② “휴일에 저는 등산을 다닙니다.”

③ “저는 주로 사회 비판 책을 읽습니다.”

④ “우리 어머니의 딸로 태어났다는 것입니다. 저는 저의 어머니
　　가 가장 자랑스럽습니다.”

이들은 전혀 업무와 관련이 없는 것이다. 아래와 같은 대답 방법이
바람직하다.

① “5년 뒤 저는 이 회사에서 전문가가 되어 있을 겁니다.”

② “등산을 다녀서 저는 아주 건강합니다. 어떠한 일이라도 할
　　수 있는 정신력이 있습니다.”

③ “미래 사회에서의 전자 산업에 대한 가치에 대한 책을 읽습니다.”

④ “무엇인가를 이루어내고 맛본 ‘성취감’입니다.”

면접관은 종종 지원자가 자신에게 불리한 것을 이야기하도록 유도하

기도 한다. 흔히들 ‘압박 면접’이라고 얘기하는 것들인데, 사실 이것은 지원자의 ‘수완’이나 ‘위기 대처 능력’ 등을 엿보기 위한 것이다.

그런데 이러한 압박 면접이 좀 문제가 있다는 것을 면접관들은 알게 되었다. 위의 질문들에 대해 면접관이 반드시 듣고 싶어 하는 대답이 아닐 수는 있지만 지원자가 대답해야 하는 방법은 정해져 있기 때문이다.

전통적인 인터뷰 질문이 갖고 있는 문제는 면접관과 면접자 모두 게임 방식을 너무 잘 알고 있다는 데 있다. 그러므로 면접자는 안전한 내용을 외운 후 대답하고 그에 대해 면접관은 그리 흥미롭거나 믿음이 가지 않으면서도 만족스러운 답변을 들은 듯 고개를 끄덕여야 한다. 그럼에도 불구하고 이런 질문 유형에 속는 면접자들은 면접의 법칙 혹은 면접의 게임을 할 줄 모르는 사람이다.

그러나 어떠한 유형의 면접이든지 자기가 끈질기고 책임감이 강하고 혹은 창의적이고 의지가 강한 사람이라는 것을 보여 주어야 한다. 그간의 기억과 감정들을 다음 장에서 설명할 스토리텔링으로 묶어서 준비하기를 권한다.

회사에서 어떤 사람을 희망하는지 조건을 살펴보고 그러한 면을 증명하기 위해 자신이 살아오면서 무엇을 했으며 그것을 통해 무엇을 얻었는가에 대해 말할 수 있도록 준비하자.

내용 구성에 있어서 구체적으로 기술해야 한다는 점을 명심하자. 앞에서 언급한 것처럼 면접관들은 구체적인 내용을 담고 있는 대답을 좋아한다. 그런데 자신이 일하고자 하는 분야가 명확하지 않으면 면접관의 질문에 대한 대답을 제대로 할 수 없다. 왜냐하면 직업과 직종마다 요구하는 역량이 다르고, 그것을 모르면 대답을 준비하지 못하기 때문이다.

면접 질문에 효과적으로 답을 하기 위해서 가장 먼저 해야 할 일은 내가 몸 담고자 하는 분야에 필요한 핵심 역량을 확인하는 것과 그 역량을 갖출 수 있는 다양한 '행동'의 증거를 갖추어 나가는 것이다.

회사의 경우 보통 홈페이지에 자신들이 요구하는 핵심 역량이 무엇인지 자세히 설명해놓고 있다. '우리 조직에서 일하려면 이런 역량을 준비해 주세요'란 친절한 메시지인 셈이다. 어떤 조직이든 필요로 하는 역량을 갖춘 사람을 원한다. 이런 이유로 역량보다는 일반 스펙만 왕창 들이대는 지원자들 때문에 인사담당자도 곤혹스럽고 피곤해한다.

따라서 자신이 행하는 구체적인 행동을 제시하면서 자신의 능력을 보여줄 수 있어야 한다. 그런데 이러한 능력은 한 번에 준비되는 것이 아니며 갑자기 획득될 수도 없다. 아무리 훌륭한 면접 과외 족집게 선생님이 있다고 해도 불가능하다. 그러니 취업을 해야겠다고 마음먹은 그 순간부터 평소에 역량을 증명할 수 있는 이야기들을 하나하나 준비해야 한다.

면접은 '공식적인' 말하기이다. 그러므로 '공식적인' 상황에 맞는 말하기를 구사해야 한다. 이때 아무리 또박또박 대답해도 면접관의 관심이나 의도에 맞지 않는다면 좋은 대답이라고 하기 어렵다. 그러므로 면접관의 입장이나 관점을 고려해야한다.

면접에서의 대답은 자극(질문)에 대한 반응(대답)이 아니다. 즉 면접에서의 대답이란 면접관의 일정한 의도 아래 부호화(encoding)된 질문이라는 행위에 대한 이해(decoding) 과정과 면접이라는 상황에 맞게 다시 부호화하는 과정이다.

(1) "왜 바로 여기에 취업하려 합니까?"

ㄱ. "전 이미 50군데 지원했습니다. 이것은 3번째 면접입니다. 저는 단지 직장이 필요할 뿐입니다."
ㄴ. "저는 이 회사보다 일할 수 있는 더 나은 자리를 상상할 수

없습니다. 이곳은 뛰어난 명성을 가지고 있고, 좋은 환경을 가지고 있는 곳입니다."

(1-ㄱ)과 (1-ㄴ)의 대답은 모두 틀린 답이 아니다. 그러나 이들의 대답이 질문을 올바르게 해석한 결과로 볼 수 없다. 면접관은 면접자의 채용에 필요한 정보를 끌어내기 위한 질문을 한 것이기 때문이다.

이처럼 면접에서의 대답은 면접관의 부호화된 질문의 해석 및 이러한 해석에 적절한 부호화 과정이라는 것을 알 수 있다. 그러므로 대답 방법에 대한 사전 준비 작업이 필요하다. 이제 몇몇 예를 제시하면서 이러한 질문 의도를 이해하는 방법에 대해 제시해 본다. 면접관의 의도를 이해하는 가장 중요한 원칙은 면접관들이 집중할 수 있도록 기억하기 쉽고, 감동을 주고, 공감을 얻을 수 있는 설득적인 표현을 쓰는 것이다.

① 회사 지원 동기를 묻는 질문에 대한 대답 방법

가장 바람직하고 매력적인 대답은 자신이 회사에서 성장할 수 있다는 여지가 있다는 것을 언급하는 것이다. 기회를 열어두고 있으면서도 면접자가 추구하는 목표가 비현실적이지 않으며 유별난 것이 아니라는 점을 나타내야 한다.

지원 동기를 묻는 질문에 면접자가 이 회사가 자신이 설정한 선택

기준에 맞기 때문에 지원했다고 대답하는 경우도 있다.

　(2) "네, 저는 제가 살고 있는 집과 비교적 가까운 거리에 있는 회사 그리고 밤에는 MBA 과정을 다닐 수 있는 그런 회사에 다니고 싶었습니다. 귀 회사가 이런 조건에 맞기 때문에 지원했습니다."

그런데 이러한 대답을 듣는 회사의 방침이 사원들이 각자의 목표를 달성하는 것을 용인하는 태도를 지니고 있지 않다면 도리어 배척될 여지가 있다. 그러므로 대답을 할 때 지나치게 좁은 범위로 한정하여 해석하거나 자신의 생각이 너무 확고해서 회사의 입장이 들어갈 여지가 없게 보이는 태도는 멀리하는 것이 최선책이다.

② 자신의 장점을 묻는 질문에 대한 대답 방법

자신의 장점에 대한 대답으로 '저는 사람들과 어울려 일하는 것을 좋아합니다', '저는 사교적인 사람입니다' 등과 같은 진부한 표현은 사용하지 않는 것이 좋다.

또한 '사람들의 문제 해결을 위해 도움을 준다'는 일반적인 표현 역시 사용하지 않는 것이 좋다. 회사 업무와 관련된 자신의 장점을 구체적으로 기술하면 좋다. 증권회사라면 어려서부터 증권과 관련된 경험을 말하면서 자신의 강점을 제시하는 것이 좋다.

(3) "저는 대학 1학년 때 장학금을 타서 증권투자를 했습니다. 200만원으로 시작해서 천만원까지 수익을 내었습니다. 그러다가 그만 리먼 브라더스 사태로 100만원만 남았습니다. 난감했는데 이를 다시 종목에 투자해서 이제는 원금회복을 하였습니다."

(4) "저는 성실하고요. 증권 상식이 풍부합니다. 어려움이 와도 실망하지 않고 일어나는 용기가 있습니다."

(3)과 (4)를 비교해 보자. 같은 내용을 담고 있지만 어느 대답이 더 효율적이라고 여기는지 그 이유를 서로 이야기해 보자. (4)가 (3)보다 효율적이라고 여기는 사람은 다시 한번 책을 읽어볼 필요가 있다.

③ 자신의 약점을 묻는 질문에 대한 대답 방법

이러한 질문에서는 절대로 고쳐지지 않는 자신의 약점을 말하지 않는 것이 좋다. '주사가 있다'든지 '돈이 없으면 마음이 불안하다'와 같은 것이 그것이다.

자신의 약점을 말하더라도 면접관에게 면접자가 매우 성실하고 진솔한 사람이라는 인상을 주어야 한다. 그러한 약점을 골라야 하므로 면접에서의 대답은 여러 측면에서 준비를 해야 한다.

특히 약점을 고치기 위해 면접자가 취할 행동, 어려운 여건 속에서라도 현안을 진행시키기 위해 취한 조치와 행위 등을 기술해야 좋은 대답으로 평가받을 수 있다. 그러나 자신의 약점에 대해 어려운 개인적 특성이나 성향은 면접을 할 때 언급하지 않는 것이 좋다.

'당신의 약점이 무엇이냐?'라고 묻는 이런 종류의 질문에 대한 가장 효과적인 대답은 업무를 수행함에 있어서 본인의 약점을 개선하여 '앞으로는 이렇게 일하겠다'는 식으로 대답하는 것이다.

(5) "제 약점은 항상 어느 모임에도 늦는다는 것이었습니다. 아무리 일찍 가려고 해도 꼭 늦게 됩니다. 그날 따라 전철이 문제가 된다든지. 그래서 저는 항상 1시간 먼저 길을 나섭니다. 그래서 약속 장소에 항상 일찍 가게 되는데요, 남는 시간에 그 주변의 상권을 살펴봅니다."

(5)를 통해 면접자는 자신의 약점을 극복하는 자세를 보여주며 동시에 주변의 상권 파악을 할 수 있는 능력을 보여주고 있다.

④ 업무 수행 중 난관 극복의 경험을 묻는 질문에 대한 대답 방법

면접관이 질문할 때 "~때"로 시작한다는 것은 면접관은 면접자로부터 구체적인 경우나 예(例)를 듣기를 원하고 있는 것이다. 그러므로 자신이 그 상황에서 어떻게 극복하였으며 그 노력의 결과를 설명하는 것이 좋은 대답이다. 또한 면접관은 너무 일반적인 대답보다 구체적인 예를 듣기를 원한다.

(6) "제가 음식집에서 아르바이트를 하는데 한번은 고객이 소리

를 지르시고 막 화를 내시더라구요. 그날 따라 손님이 많아서 점장
님께서는 몹시 바쁘셨습니다. 그래서 평소 인내심이 많고 다른 분
들의 이야기를 잘 들어주는 저에게 가서 해결하라고 했습니다.

전혀 상황 파악이 안 되었지만 일단 고객님 앞에서 머리를 숙이
고 꿇어 앉았습니다. "잘못했습니다." 이렇게 시작하면서 화를 내시
면서 하시는 말씀을 귀 기울여 들었습니다. 굉장히 복잡한 내용이
었는데 요약하면 결국은 음식이 늦게 나와서 배가 고팠는데 서빙하
는 친구가 사과의 말이 없었던 것이었습니다.

그런데 제가 아르바이트 하던 그곳은 미리 만들어 놓고 파는 집
이 아니라서 음식이 늦게 나오는 곳으로 유명합니다. 그런데 그 손
님은 이런 사실을 모르셨고, 서빙하는 친구는 다른 손님들은 당연
히 아는 사실에 대해 화를 내니까 좀 어이가 없어서 사과를 하지
않았던 것이죠.

그러나 일단 그분의 불만을 다 들어준 후 하시고 싶은 말씀을 다
하시게 한 후 정말 죄송하다고 말씀 드린 후 가게 정책을 말씀 드
렸습니다."

(7) "아르바이트 할 때 손님들 불만을 해결해 주었습니다. 저는
남의 말을 잘 듣는 인내심이 있습니다. 그리고 순간적인 재치나 순
발력도 있습니다."

(6)과 (7)을 비교해 보자. (6)을 통해 지원자는 자신이 인내심이 있
고 문제해결력이 있으며 평소에 점장의 신임을 받고 있다는 사실까지
도 알려주고 있다. (7)에 비해 구체적이다.

⑤ 보수를 묻는 질문에 대한 대답 방법

면접을 할 때 유의해야 할 것 중의 하나는 '원하는 급료 액수를 경솔하게 이야기하지 말라'라는 것이다. 구체적인 보수를 먼저 말하면 다음과 같은 경우 처리 곤란하다.

즉 회사 입장에서 너무 높은 금액이라면 취업의 기회를 잃을 수도 있고, 반대로 낮은 금액이라면 취업되더라도 너무 낮은 대우를 받는 꼴이 되기 때문이다.

급료 액수에 관한 대답으로 바람직한 것은 자신이 근무하게 될 직책의 급료 체계나 범위를 이끌어 낼 수 있는 대답을 면접관이 하도록 유도하는 질문을 하는 것이다. 그러므로 경솔하게 연봉을 얼마나 원한다는 답을 하기 전에 보수에 관한 대화에 참조할 만한 유용한 사실들을 좀더 얻을 수 있을 때까지 미루어 두는 것이 현명한 태도다. 회사에서 담당하게 될 직책의 책임과 권한의 한계를 충분히 알기 전에 자신이 원하는 정확한 보수액을 면접관에게 말한다는 것은 무리이다.

또한 다소 수동적으로 보이기는 하지만 '회사에서 저를 적정하게 대우할 것'이라고 답하는 것도 좋은 대답 태도라고 할 수 있다. 왜냐하면 때가 되면 자신이 원하는 것을 회사에 좀더 강하게 요구할 수 있는 여지가 있기 때문이다. 그러나 명심해야 할 것은 급료체계 웹사이트를 찾아 자신과 같은 경험과 자질이 있는 사람들이 자신이 일하고자하는 분야에서 어느 정도의 급료를 받고 있는지를 면접 전에 사전 조사해야 해야 한다는 사실이다.

⑥ 추가 질문 혹은 면접 후 느낌을 묻는 질문에 대한 대답 방법

'별다른 질문 없습니다'와 같은 대답은 취업을 원한다면 하지 말아야 한다. 면접자는 자신이 무엇에 흥미가 있는지를 면접관에게 각인시켜야 한다. 그러므로 면접자는 자신이 면접 내내 면접관의 설명을 잘 이해하였고, 입사 후의 자신의 업무에 대해 알고 있다는 것을 면접관에게 인지시키는 것이 좋다.

면접을 하는 주요 이유는 취업희망자가 '회사를 위하여 무엇을 할 수 있는가?'를 알고자 하는 것이다. 그래서 면접관은 면접자가 할 수 있는 것과 할 수 없는 것을 알아내고자 질문을 하는 것이다.

그러므로 면접자는 자신을 채용하려고 하는 목적이나 목표를 분명하게 인지하고 있음을 면접관에게 보여 주어야 한다.

면접관의 의도 해석 및 평가를 염두에 둔 대답 방법을 알기 위해서는 먼저 면접관들이 면접에서 대답을 평가하는 방법이나 면접에 임하는 태도에 대해 살펴보아야 한다.

(8) "이제 면접 끝나는데 뭐 물어볼 말 없어요?"
"제가 면접을 하는 중에 느낀 것인데 회사가 늦게 끝난다고 말씀하셨습니다. 몇 시경에 끝나나요? 너무 늦게 끝나면 회사 근처로 이사오려구요."

⑦ 경험 후기

①~⑥을 통해 면접관의 질문 의도를 이해하고 실제 적용하는 방법을 살펴 보았다. 이제 이러한 것들을 통해 실제 면접 경험을 한 선배들의 조언을 들어보기로 한다. 여러 선배들의 조언을 종합하여 제시하면 다음과 같다.

아래 나열하는 사항을 말하기 방식, 면접 준비의 중요성, 자신감의 중요성, 면접관과의 관계를 형성하면서 자신의 대답 방법과 비교해 보자.

- 두괄식으로 대답해야 한다.
- 말이 길면 안 된다. 간추려 말할 수 있게 시간 분배를 해야 한다.
- 말을 더듬고 빨리 말하는 방식을 고쳐야 한다.
- 논리있게 말해야 한다.
- '-요'를 말하는 사람이 많았는데 격식체를 사용해야 한다.
- 서론이 너무 길면 집중이 전혀 안 되므로 서론−본론−결론에 따라 분량을 조절해야 한다.
- 성실하지 못한 대답이나 적극적인 태도가 나타나지 않는 대답을 하지 않아야 한다.
- 회사 직무와 연관성 있는 대답을 해야 한다.
- 논리적으로 구체적이면서 핵심적으로 짧게 대답해야 한다.
- 차분한 말투는 믿음을 줄 수 있다.
- 가장 가까운 과거의 이야기를 준비하는 것이 좋다.
- 면접관들과 면접 시 화기애애한 분위기를 만들도록 해야 한다.

- ‘무엇을 했다’가 아닌 이런 경험을 통해서 ‘회사에 어떻게 기여를 할 수 있겠다’라는 방법으로 대답해야 한다.
- 외운 티를 내지 말고 크게 대답해야 한다.
- 준비가 안 되어서 모르는 질문에 너무 긴장하거나 억지로 짜내기보다는 그것을 인정하고 발전하겠다고 대답하는 것이 좋다.
- 지원회사에 대해 많은 정보를 아는 것이 필요하다.
- 해당 직무에 대한 철저한 조사가 필요하다.
- 면접 보기 전에 적어도 3일 이상을 준비하고 30개 이상의 예상 질문을 뽑아야 대답할 수 있다. 면접을 잘하기 위해서는 철저한 준비가 필요하다.
- 전공지식을 대답에 활용해야 한다.
- 산업 전반에 대한 지식을 잘 준비해야 할 것 같다.
- 지원 분야에 관련된 이슈에 항상 관심을 두어야 한다.
- 적당한 긴장은 좋지만 과도한 긴장은 크게 도움이 되지 않는다.
- 여유를 가질 수 있도록 연습이 필요하다.
- 준비된 사람은 티가 난다. 과거 경험에서 얻는 것들을 나타내야 한다.
- 기업이나 직무에 대해 개괄적이기보다 더 자세하고 정확한 파악이 필요하다.
- 근거 없는 자신감이 아닌 준비된 자신감이 필요하다.
- 패기 있는 말투로 관련 업무를 적극적으로 표현해야 한다.
- 과도한 긴장감은 자신감 없어 보인다.
- 대답을 못해도 자신감 있게 말하는 것이 중요한 것 같다.

이상의 것을 살펴보면서 자신에게 가장 부족한 점, 가장 필요한 점 등에 대해 논의해 보자.

면접에서 스토리텔링 기법 활용 방법

제9장
면접에서 스토리텔링 기법 활용 방법

이 장에서는 면접에서 '대답'이나 '자기소개서' 작성 등에서 사용할 수 있는 스토리텔링 기법의 활용 방법에 대해 살펴보기로 한다. 스토리텔링의 기법을 활용한 대답은 면접관의 흥미를 끌고, 다른 지원자와 구별되는 면접자의 모습을 효과적으로 알릴 수 있어 요즘 많이 활용하고 있다.

스토리텔링은 면접자가 원하는 정보를 강한 인상과 감동을 주기 위한 기법으로 연극, 영화, 애니메이션, 광고, 게임, 대중강연과 같은 설득적·설명적 담화 등 여러 면에서 활용되고 있다.

스토리텔링은 '상황에 대한 기술 – 상황에서 나타난 어려움(고난, 장애) – 어려운 상황에서 처한 방법이나 행동 – 일어난 결과나 그에 관한 평가' 등과 같이 구성된다.

이와 같은 스토리텔링을 활용한 대답은 어떤 사건의 전개 과정을 통해 감동을 주고 이를 통해 설득력을 높이는 효과를 갖는다. 뿐만 아니라 내용을 쉽게 이해시킬 수 있고, 생생하고 무한한 감동을 제공하며, 흥미를 지속적으로 오랜 기간 동안 유지시키는 기능을 한다.

그러나 모든 질문에 스토리텔링으로 대답이 가능한 것은 아니다. 스토리텔링으로 대답하는 경우 시간과 상황의 적절성 문제도 고려해야 한다.

이에 이 장에서는 스토리텔링의 구성 방법에 대해 살펴볼 것이다. 이는 마치 심청전의 내용(원 소스)을 매체에 따라, 목적에 따라 다양하게 구성하는 원리와 동일한 관점에서 설명할 수 있다.

심청전이라는 내용이 만화, 영화, TV와 같은 매체에 따라 각기 다른 표현 방법으로 나타나는 것처럼 지원자의 고유한 경험이 면접 상황(면접의 목적, 면접관의 질문 의도, 가려는 회사 등)을 고려하여 여러 측면에서 구성될 수 있는 것이다. 이런 경우 스토리텔링 기법이 도움을 줄 수 있을 것이다.

면접에서 동일한 내용이라도 객관적 사실로서 제시하는 것보다 스토리텔링 기법을 활용하여 일화(에피소드) 중심으로 제시하는 것이 이해하기 쉽고, 감동을 주며, 오래 기억하게 하므로 여러모로 필요한 기법이다. 스토리텔링은 여러 유형이 있는데, 면접에서는 특정한 정보나 지식을 이야기로 풀어 재창조하는 인포메이션 스토리텔링(Information Storytelling)을 주로 활용한다.

[1] 스토리텔링 기법의 효용성

일정한 내용을 '상황제시 → 난관 극복방법 → 난관 극복 후 결과' 등의 구성 단계에 따라 현장감 있게 즉 맥락이나 매체와 관련지어 제시하는 것을 스토리텔링이라 한다. 이러한 스토리텔링은 전하려는 메시지를 상대방이 보다 쉽게 이해할 수 있게 하고, 흥미를 지속적으로 오랜 기간 끌 수 있으며, 감동까지 전해줄 수 있다는 장점이 있다.

사람들은 이야기를 좋아하고 빠져 드는 습성이 있다. 어릴 적 할머니가 해 주시던 옛날이야기가 얼마나 재미있었던가. 그것은 할머니의 옛날이야기는 스토리텔링 기법이 녹아져 있기 때문이다.

스토리텔링은 단순한 대답보다는 대답 속에서 다음 대화를 이끌어내는 고리(hook) 역할을 하는 내용을 담는 것에서 시작할 수 있다. 예를 들어 설명해 보자.

(1) "자네 고향이 어딘가?"

ㄱ. "고창이에요."
ㄴ. "서정주 선생님이 태어나신 고창이에요."

(1-ㄱ)과 (1-ㄴ)중 다음 대화를 이어가기 쉬운 것은 (1-ㄴ)이다.

> (2) "'국화 옆에서'를 지은?"
> "맞습니다. 가을이면 많은 분들이 국화꽃 축제를 보러 오시지요."
> "국화가 뭐에 좋을까"(마침 화장품 회사라면)

내 고향과 관련된 양념처럼 조금 뿌렸을 뿐인데도 (1)에 이어 (2)처럼 다음 대화를 이어가며 대화를 할 수 있다. 이처럼 면접에서 대답 여하에 따라 충분히 자기에게 유리하도록 질문을 유도할 수 있다.

화장품 회사에 지원하면서 내 고향을 활용해 보면서 미리 조사한 '국화'와 '피부'와의 관계를 설명하는 지원자를 어느 면접관이 싫어할 것인가.

면접관은 시간이 지나서도 면접자의 고향에 대해 기억할 것이다. 그리고 고향을 묻는 상투적인 질문에서도 국화꽃의 효용성을 설명하는 면접자를 예뻐하지 않을 수 없을 것이다. 이런 게 바로 이야기의 힘이다.

'고창'과 '서정주', '국화꽃의 효용성' 이것은 일정한 이야기의 구성요소를 갖추지 않았음에도 불구하고 이처럼 엄청난 효과가 있다.

(1), (2)를 통해서 보면 객관적 기술보다는 뭔가 관련된 이야기를 엮는 내용이 더 효과적임을 알 수 있다. 하물며 일정한 구성 방법을 갖춘 스토리텔링의 효과는 얼마나 클까? 더욱 그 스토리라는 것이 현재 내가 있는 장소, 내가 먹는 음식, 가고자 하는 회사와 관련지을 때 효과는 매우 크다.

이런 이유로 스토리텔링은 이미 관광지 개발, 요리, 광고 등 다양한 분야에서 활용된다. 그레고리 팩과 오드리 햅번이 주인공이었던 영화 '로마의 휴일'에서 공주 같이 예쁜 오드리 햅번이 계단에 올라 아이스크림을 먹는 유명한 장면이 있다. 영화를 찍은 그 장소에 가 보면 관광객들은 하나 같이 별 것도 없는 계단 위에 굳이 올라가서 대개는 아이스크림을 먹는다. 그래서 그 광장의 계단은 로마의 유명한 관광지가 되었다. 사실 그 계단이 그리 특별한 건축물도 아니고 그곳에서 파는 아이스크림 자체가 특별히 맛있는 것도 아니지만 사람들은 영화 스토리에 감정이입이 되어서 그 곳에 가면 꼭 영화 주인공처럼 행동을 해 보고 싶어 한다.

그 외에도 어디에서나 볼 수 있는 관광지지만 스토리를 곁들여 사람들의 흥미를 끄는 곳은 굉장히 많다. 독일의 로렐라이 언덕도 그렇고, 겨울 연가의 주인공 배용준을 사랑하는 일본인을 겨냥한 한국의 관광 상품이라든가 제주도 섭지코지에 있는 드라마 올인 촬영지 같은 곳도 모두 이런 스토리텔링 기법을 이용해서 사람들의 흥미를 끌고 있는 장소이다. 이야기를 통해 다른 여행지와 구별을 지으며 효과적으로 관광지를 알리는 데 성공한 예라고 할 수 있다. 그렇다면 이러한 스토리텔링 기법을 자기소개, 자기소개서 작성, 대답 등에 활용했을 때도 이러한 효과를 낼 수 있을까? 물론이다.

면접하기의 대답이나 자기소개서 작성 등에서 가장 필요한 것을 제시하라고 하면 아래와 같은 것이 아닐까?

    ① 면접관의 흥미를 끈다.
    ② 다른 지원자와 나를 구별 짓는다.
    ③ 효과적으로 나를 알린다.
    ④ 면접관의 기억에 오래 남게 한다.

위와 같은 것들은 취업 면접을 준비하는 사람들이 바라는 것들이다. 그런데 스토리텔링을 활용하면 ①~④와 같은 효과를 얻을 수 있다. 즉 나 자신을 면접관에게 쉽게 부각시킬 수 있을 뿐만 아니라 상대방과의 대화 연결도 잘할 수 있게 된다.

왜냐하면 스토리텔링을 활용하면 단순한 사실로 말할 때보다 지식과 감동을 줄 수 있기 때문이다. 이 점에서 스토리텔링은 면접에서 활용할 가치가 있다. 면접에서 그저 자신의 삶을 객관적으로 정확하게 연대기적으로 표현하는 것은 객관적 사실을 제공하는 것 이상의 의미가 없다. 그러나 이러한 삶에 일정한 주제를 정하고 거기에 맞게 면접자의 특정한 이야기를 만들어 그 이야기의 흐름에 따라 경험 등을 기록한다면 훨씬 효율적일 것이다.

이제 스토리텔링으로 내용을 쓰는 방법을 소재 선택, 내용 구성 요소 등을 중심으로 살펴보기로 한다.

[2] 스토리텔링 구성 방법

　여러 논저에서는 스토리텔링 방법을 활용하여 '행동 촉구하기, 자신의 정체성 전달하기, 가치관 전달하기, 회사의 정체성 전달하기(브랜드 구축하기), 협동 촉진하기, 유언비어 잠재우기, 지식 공유하기, 사람들을 미래로 이끌기' 등을 할 수 있다고 보고 이에 따라 '8가지 내러티브 패턴'으로 나눈다.

　이들 중에서 면접에서 가장 많이 활용할 수 있는 패턴은 '면접자의 정체성 전달하기'나 '면접자의 가치관 전달하기'라고 여겨지므로 이들을 중심으로 기술한다.

　먼저 면접자가 '자신이 누구인가'를 나타낼 수 있는 것 즉 정체성을 나타내는 스토리텔링 소재 선택 및 활용 방법에 대해 살펴보기로 한다.

　대개 이러한 것은 '자신의 성품이나 장점에 대해 소개해 보라'는 질문 유형으로 나타난다. 이에 대해 스토리텔링을 이용한 대답 방법의 예(혹은 자기소개서에서의 활용 방법 등)를 제시하면 다음과 같다.

(3)

고등학교 시절이다. 아버지 일이 잘 풀리지 않아 고생하던 때이기도 했다. 아버지는 인테리어 설계 일을 하시는데 IMF로 일이 끊긴 후에 우리 가족은 먹고 살 일이 막막했었다. 집을 헐값에 팔고 전세로 살다 다시 월세 집으로 옮겼다.

월세로 옮긴 때가 내가 고등학교 2학년 때였다. 학교는 잘 다녔지만 학원이나 과외는 꿈도 꾸지 못하고 용돈도 당연히 없었다.

차비도 충분하지 않았다. 그래서 하굣길은 걸어 다녔다. 혜화동에서 수유동까지 걸어보니 한 시간 반 남짓이 걸렸다. 그런데 문득 하굣길 주변이 전부 주택가인 것을 알게 되어 이를 이용해서 용돈을 벌어보자고 생각했다. 이동하면서 할 수 있는 간단한 아르바이트로 전단지 붙이는 일을 시작하였다. 학교에서 집까지 꽤 먼 곳이니 치킨집이나 중국집 등 다섯 곳 정도를 돌아 전단지를 받아왔다. 꽤 많은 양이지만 주택가가 많아 한 번에 여러 상점 전단지 서너 개씩 붙이니 일은 비교적 수월했다.

그렇게 일을 한두 달씩 해보니 생각보다 수입이 좋았다. 20만원을 벌게 되어 차비 3만원을 제하고 나머지는 학원 등록비로 사용했다.

나는 이 일을 계기로 아무리 힘든 상황도 이겨낼 수 있으며, 그것을 이겨낼 수만 있다면 상황이 주어지지 않은 것보다 더 많은 보탬이 된다는 것을 알았다.

이와 같이 스토리텔링 방법을 활용한 대답을 통해 '아, 지원자는 어려운 시기를 지혜롭게 극복하는 면이 있구나', '어려운 상황에서 저렇게 행동하는군, 그래서 우리 회사에 오면 이렇게 행동할 거야'와 같은 것을 전달할 수 있게 한다. 뿐만 아니라 오래 기억하게 하므로 효율적이다.

　이제 가치관을 나타내는 스토리텔링에 대해 살펴보기로 하자. 이러한 스토리텔링에서는 면접관에게 친숙한 느낌을 주며, 많은 사람들이 바라는 가치관을 담은 것들에 대한 스토리를 쓰는 것이 좋다. 가치관을 나타내는 스토리텔링을 하는 경우 신빙성 있는 인물과 상황을 사용하는데 스토리는 반드시 화자의 행동과 일관되어야 한다. 예를 제시하면 아래와 같다.

(4)
　돈에 대한 애기가 나오면 떠오르는 스토리가 있다. 내가 어렸을 때 나의 가족은 부유하지 못했기에 돈을 여유롭게 쓴 경험이 거의 없었다. 그러나 나는 대학을 졸업한 후 사업을 시작해야겠다는 생각이 들었고, 그러려면 500달러가 필요했다. 부모님께는 그런 돈을 빌릴 수 없어서 나는 삼촌 벤에게 가서 나의 사업 계획을 설명했다. 삼촌은 내게 500달러를 빌려주었다. 나는 그렇게 해서 사업을 시작했지만 결국 그 돈을 몽땅 날리고 말았다. 사업은 날아갔고 벤 삼촌에게 빌린 500달러는 고스란히 빚으로 남았다. 하지만 나는 삼촌에게 다시 연락을 하지 않고 그대로 관계를 끝냈다. 단 한 푼도 갚지 않고 약 6개월이 흐른 후에 삼촌이 내게 전화를 걸어 이렇게 말했다. '그래서는 안 된다. 너를 믿은 사람에게 할 짓이 아니지. 네가 지금 당장 돈이 없어도 상관없어. 네가 돈을 벌어서 조금씩 갚아나가는 방법을 함께 찾아볼 수도 있잖니? 이렇게 관계를 끝내는 건 옳은 방법이 아니야' 그 뒤로 나는 평생 돈을 사용하는 방법과 자신을 믿어준 사람을 대하는 방법을 잊을 수가 없다.

(Stephen Denning 2006 : 162).

이와 같이 가치관을 나타내는 스토리텔링을 통해서 '자신을 믿어준 사람에게는 감사함으로 관계를 맺어가는 사람이군', '아, 저런 생각을 가지고 있군', '맞는 말이야'라는 반응을 유발한다. 이를 통해 자신의 가치관을 드러낼 수 있다.

이처럼 지원자의 '정체성'이나 '가치관'을 스토리텔링 방법을 사용하여 전달할 수 있다. 그렇다면 이러한 정체성이나 가치관을 보여주기 위한 소재로는 무엇이 있을까?

(5)

ㄱ. 정체성을 전달하기 위한 소재

- 어릴 때 가장 좋아한 장소와 그것이 특별하게 느껴졌던 이유
- 어릴 때 역경이나 장애를 극복한 방법

- 자신이 존경하거나 자신에게 영향을 끼친 사람과의 사건
- 어릴 때 자신에게 일어난 가장 중대한 일
- 인생의 전환점이었다고 생각되는 시점

ㄴ. 가치관을 전달하기 위한 소개
- 정직, 친절, 혁신, 우정, 성취, 신뢰 등이 중요한 이유
- 두 개의 가치가 부딪혔을 때의 선택 방법
- 가르친 선생님 중에서 가장 기억에 남는 분
- 나를 배신한 사람
- 출세하기 위한 조건

앞에 제시한 (3)에서는 (5-ㄱ)에서 제시하는 '어릴 때 역경이나 장애를 극복한 방법'을, (4)에서는 (5-ㄴ)에서 제시한 '두 개의 가치가 부딪혔을 때의 선택 방법' 같은 소재 선택을 했다.

소재 선택 후에는 이들을 이야기로 엮어내야 한다. 그런데 스토리텔링은 일정한 구조를 가지고 구성해야 효과적이다. 그러므로 글로 쓰기에 앞서 머릿속으로 구상해야 한다. 앞에 든 예 (3), (4)를 가지고 머릿속으로 내용을 구상할 때의 유의점에 대해 살펴보기로 한다.

먼저 질문의 의도에 맞게 내용을 구성해야 한다. 이를 위해 말하고자 하는 주제를 가장 잘 나타낼 수 있는 상황을 기술해야 한다. 앞에

서 제시한 (3)에서의 '집안이 어렵게 된 사실'과 (4)에서의 '사업 자금을 빌린 사실'들이 그것이다.

그리고 이러한 상황에서 면접자가 직면했던 어려움을 기술해야 한다. (3)에서의 '경제적 어려움'이나 (4)에서의 '실패를 하게 된 상황'이 그것이다.

다음으로는 이러한 어려움을 해결하기 위해 면접자가 취한 행동을 되도록 구체적으로 자세하게 기술할 필요가 있다. (3)에서의 '전단지 돌리는 것', (4)에서의 '삼촌과의 관계를 끊음'과 같은 것이다. 구체적으로 기술한다는 것은 숫자와 같은 양적인 표현 등을 사용하여 생생하게 표현하는 것이다.

다음으로는 이러한 행동의 결과를 되도록 긍정적인 입장에서 기술하도록 한다. (3)에서의 '용돈 벌고 학원까지 다닌 것'과 (4)에서의 '삼촌의 배려로 조금씩 벌어 갚기로 하는 것' 등이 이에 해당한다.

마지막으로 면접자가 경험한 내용을 다시 요약하면서 스스로를 평가하는 내용을 제시하면 좋다. (3)에서의 '인내심과 역경 극복 의지가 생긴 것', (4)에서의 '신뢰해 준 사람을 배려하는 방법' 등에 대한 언급이 이에 해당한다.

　이처럼 주제에 맞게 소재를 선택하여 스토리 작성을 해야 한다. 그런데 스토리를 쓰는 과정에서 다음과 같은 점에 유의해야 한다.

　첫째, 과거의 경험으로 현재와 미래를 예측할 수 있도록 구성해야 한다. 특정 상황에서 처한 어려움을 제시하고 그것을 극복한 경험이나 능력을 보여 '변화의 결과'를 설명할 수 있어야 한다.

　둘째, 하나의 스토리텔링에 하나의 메시지가 있어야 한다. 두 개 이상이 있으면 전달하고자 하는 중심 내용이 흐려지기 때문이다.

　셋째, 스토리의 재구성이 필요하다. 여기에는 청자가 공감할 수 있는 극적 사건 혹은 상호적이고 동적인 것으로 재창조해야 한다.

　넷째, 단순화하는 과정이 필요하다. 스토리텔링이란 사건을 가공하여 전달하는 행위이므로 이야기를 전달하는 과정에서 사건을 하나도 빠뜨리지 않고 그대로 얘기하는 행위는 불가능하다. 그러므로 이야기를 전달하는 사람과 듣는 사람을 고려하여 중요한 사건과 불필요한 사건들은 분류해야 한다.

　면접에서의 대답은 이러한 구성 방법에 따라 과거의 경험을 현재 취업하려는 회사와 관련 있는 것으로 단순화시켜 이야기로 만들어 가는 과정이 필요하다.

지금까지 스토리텔링을 활용하여 대답할 경우 소재 선택 및 스토리 작성에 있어서의 유의점에 대해 살펴보았다. 머릿속으로 스토리를 엮으면서 아래 제시하는 (6)을 참고로 하면서 내용 구성 방법의 적절성 여부를 살펴볼 필요가 있다.

(6)

> ▸ 스토리가 나의 정체성이나 가치관을 나타내야 한다.
> ▸ 스토리에 나의 역할이나 능력이 명확하게 드러나야 한다.
> ▸ 스토리에 나만이 지닌 독특한 점이 반영되어 있어야 한다.
> ▸ 스토리가 현재 내가 면접에 임하는 목적과 관련이 있어야 한다.
> ▸ 과거의 스토리가 현재의 나 혹은 면접에서 요구하는 경험이나 능력과 유기적인 관련성이 있어야 한다.
> ▸ 스토리에 어려움을 극복하거나 이겨낸 내용이 존재해야 한다.
> ▸ 스토리에 구체적으로 양적(숫자)으로 제시해야 한다.
> ▸ 스토리 내용이 일관성이 있어야 한다.
> ▸ 스토리에 남을 원망하는 등의 부정적인 표현이 있으면 안 된다.

지금까지 주제에 적절한 소재 선택을 하고 스토리를 작성하기 위해 유의해야 할 점 등에 대해 살펴보았다. 지금부터 실제 스토리텔링 작성을 위한 준비단계에 대해 설명하겠다. 소재 선택 후 앞으로 쓸 내용을 구상할 때 유의점 등을 고려하면서 실제로 스토리를 작성하기

로 한다. 이때 스토리텔링에는 일정한 구성 단계가 있는데 다음과 같
이 다섯 단계로 구성하면 좋다.

● 1단계 상황: 나는 '이러이러한' 상황에 놓여 있었다.

자기가 말하려는 주제와 가장 관련이 있는 상황을 기술하는 것으
로 시작한다. 이때 자신이 그 상황에 투입되기 전의 모습을 기술할
때는 되도록 부정적인 면을 부각시키는 것이 좋다.

즉 '내'가 나타나기 전에는 그 상황이 몹시 어려웠음을 있는 힘을
다하여 기술하는 것이다. 이것은 원래 처음 상태의 'before'와 내가 들
어가서 변화시킨 'after'의 모습이 극명하게 대조시키기 위한 것이다.

예컨대 어떤 프로젝트에 참여했을 경우, 내가 참여하기 전에는 이
러한 어려움에 직면해 있었는데 그 어려움을 해결할 사람은 나라고
생각되어 사람들이 나를 추천했다고 말하면서 사람들이 나를 추천한
이유를 자세히 이야기하는 것이다.

● 2단계 어려움 · 난관 봉착 : 이러한 상황에서 이런
어려움이 있었다.

그 상황에서 겪게 된 어려움을 객관적으로 기술한다. 이것은 눈으

로 보여주듯이 상세하게 자신의 감정을 섞지 않고 쓰는 것을 뜻한다.

예를 들면 '고객이 특별히 화를 엄청 냈다던가', '이유를 들으려하지 않으면서 계속 주장만 했다던가', 혹은 '프로젝트에서 예상치 않던 문제가 생긴 것' 등을 기술한다. 그리고 어려움을 기술하면서, 그 문제를 분석한 자신의 관점을 보여준다. 그러면 면접관은 그 상황의 문제점을 더 오래 기억하게 될 것이다.

그러나 단순히 어려움을 겪은 것만 이야기하면 그것은 그저 수다나 신세 한탄밖에 안 된다. 반드시 2단계에서는 그 문제를 분석한 나의 관점을 보여주어야 한다.

> ◉ **3단계 해결책 : 그러한 때, 어려움을 해결하기 위해 내가 취한 행동**

이 단계에서는 앞에서 나타난 어려움을 해결하기 위해 자신이 개발하거나 실제로 수행한 방법을 설명한다. 이를 위해 앞에서 제시한 상황 분석과 관련하여 해결책이라고 생각한 방법을 기술하는 것이 필요하다. 그리고 그 방법을 어떻게 행동으로 옮겼는지 되도록 구체적으로 자세하게 '양적'(숫자 등 비교적 객관적으로 제시할 수 있는 방법으로)으로 제시해야 한다. 왜냐하면 이러한 자세한 설명이 자신이 어떻게 행동했는가를 보여주고 증명해 줄 수 있기 때문이다.

4단계 결과: 그 후, 일어난 결과를 상세하게 기술

　이제 어려운 상황을 분석하고 문제점을 해결하기 위해 취한 행동의 결과를 되도록 상세하게 그림을 그리듯이 묘사한다. 만일 그것이 프로젝트였다면 프로젝트가 직면했던 어려움에 대해서 기술하고, 그 어려움을 극복한 방법을 기술하는 것이다. 그리고 자신이 기여한 방법에 대해서 기술하는 것으로 마무리 짓고, 역시 해결책과 마찬가지로 가능하면 그 결과는 양적으로 기술한다. 긍정적 결과를 양적·시각적인 면에서 보여줄 수 있어야 좋다.

5단계 평가: 스스로를 평가하는 내용을 첨가

　지금까지 말한 내용을 직업과 관련하고 현재의 말하기 목적과 관련하여 구성하고 재평가하는 단계이다. 즉 자신이 이야기한 내용을 현재의 목적과 관련지어 제시하는 것이다.

　스토리텔링을 통해 자신의 이야기에서 보여주고 싶은 장점을 드러낼 수 있었을 것이다. 여기에 다음과 같이 스스로를 평가하는 내용을 첨가시켜야 한다.

'그래서 나는 이 경험을 통하여 프로젝트를 효과적으로 처리할 수 있는 능력이 있다는 것을 알게 되었다'라든가 '이러한 일을 겪고 나니 나는 종업원들에게 동기를 부여하여 신바람 나게 일할 수 있는 능력이 있음을 알게 되었다' 혹은 '어려운 문제점들을 해결할 수 있는 능력이 있다는 것을 알게 되었다'와 같은 것이 그 예이다.

이야기를 듣고 난 면접관은 자연스럽게 이렇게 평가한 내용들에 대해 동의하게 될 것이다. 그리고 면접관은 이야기 속에서 의식적 혹은 무의식적으로 지원자가 가진 또 다른 면들도 눈여겨보게 될 것이다.

분명히 이러한 순서에 맞추어 나의 이야기를 했는데도 상대방을 지루하게 하고 흥미 유발을 시키는 네 실패할 때가 있다. 그러한 경우 다음 사항을 체크해 볼 필요가 있다.

> ‣ 일과의 관련성 유무
> ‣ 과거와 현재 경험 사이의 유기적인 관련 여부
> ‣ 내가 어려움을 극복하거나 이겨낸 내용이 존재하는지 살펴보기
>   이를 통해 나의 능력과 말하려는 주제가 명확한 지 여부를 확인하기

위의 세 가지 사항을 만족하지 못하면 내가 말하는 이야기는 단순히 '내 과거사에 대하여 서술함'밖에 되지 않는다.

군필자들의 군대 이야기와 아줌마들의 출산 이야기는 그 개인에게

는 굉장히 특별한 경험이라서 재미있을지 모르지만 듣는 사람에게는 더없이 지루한 얘기가 될 수 있다. 그 이유는 이야기하는 목적도 없고 그 과거사가 현재의 일과 관련도 없기 때문이다. 앞에서 잠깐 언급하였지만 면접에서의 대답은 '현장성'이 있어야 한다.

즉 '지금' '여기'의 조건을 충족시켜야 한다. 자기의 과거의 경험이나 경력이 현재 이 회사와의 관련성을 충분하고 분명하게 제시할 수 있어야 한다.

자기소개서 쓰기

제 10 장
자기소개서 쓰기

[1] 자기소개서 내용

지금까지 면접의 '공적인 말하기' 특성에 집중하여 주로 '대답하는 방법'을 중심으로 기술하였다. 이 장에서는 자기소개서 작성 방법에 대해 설명한다. 자기소개서는 면접관들이 질문을 마련하는 기초가 된다. 이렇게 면접을 위한 자료로서 자기소개서가 활용되므로 아주 중요하다. 자기소개서는 '쓰기'에 해당한다. 어떻게 하면 보다 효율적으로 알려주는 '쓰기'를 할 수 있을 것인가.

일반적으로 자기소개서에 포함되는 내용들은 '성장 환경', '학교생

활’, ‘성격의 장·단점’, ‘지원 동기 및 포부’ ‘봉사 내역’ 등으로 구
성되어 있다. 이 중 강조할 부분을 부각시켜 서술하고, 전공 영역에
따라서는 개성적이고 자유로운 형식으로 작성해도 무방하다.

　또한 어느 회사는 자기소개서 양식이 특별히 없고 ‘자기를 소개하
고 싶은 내용에 대하여 자유롭게 기술하시오’라고 하는 경우도 있다.
사실 이렇게 양식이 없을 때 더 막막할 수도 있다. 이때 동종 업체인
다른 회사의 자기소개서 양식들을 찬찬히 검토해 보자. 무엇을 써야
할지, 어떻게 써야할지 감을 잡을 수 있다.

 회사마다 양식이 다르므로 일단 공통적인 것을 제시한다.

1. '자신'에 대해 가족사항, 성장과정, 자신의 강약점 등을 중심으로 기술하십시오. (800자 이내)

2. 새로운 환경이나 팀(조직) 내에서 어려운 과제(또는 목표)에 직면했던 경험은 무엇이었으며, 어떻게 해결(또는 달성)했는지 행동과 결과에 대해 기술하십시오. (800자 이내)

3. 창의성을 발휘하여 기존 틀을 깨고 추진했던 성취감 컸던 경험은 무엇이며, 이를 시작하게 된 동기와 적극적인 노력에 대해 기술하십시오. (800자 이내)

4. 이제까지 가장 강하게 소속감을 느꼈던 조직은 무엇이었으며, 그 조직의 발전을 위해 헌신적으로 노력했던 것 중 가장 기억에 남는 경험은 무엇입니까? 개인적으로 더 많은 노력을 기울였던 일과 그때 했던 행동과 생각, 결과에 대해 작성해 주십시오. (800자 이내)

5. 입사 지원동기와 지원하신 직무를 잘 수행하기 위하여 어떤 준비를 했는지를 본인의 경험과 관련하여 기술하고 입사 후 이루고 싶은 목표는 무엇이며, 목표를 이루기 위해 어떠한 준비와 노력이 필요하다고 생각하는지 기술하십시오. (800자 이내)

자기소개서 양식 자체가 구체적인 사항을 요구하는 회사도 있다. 기술하는 내용, 방식, 글자 수까지를 제한하는 경우가 있다. 한 회사의 자기소개서 양식을 소개하면 다음과 같다.

1. OO에 지원하게 된 동기를 서술하십시오. (1000자 10줄 이내)

2. '자신'을 소개하십시오.

3. 자신이 가장 헌신적으로 활동하고 노력했던 경험을 구체적인 상황, 자신의 행동, 결과 등으로 나누어 기술해 주십시오.

4. 자신이 가진 문제 해결 능력을 가장 잘 보여주는 경험을 기술하십시오.

5. 새로운 문화적 환경에서 적응하였던 경험을 골라 구체적인 상황, 자신의 행동, 결과 등을 기술해 주십시오.

두 종류의 자기소개서를 소개하였다. 형식은 다르지만 이들 자기소개서에서 면접관들이 알고 싶어 하는 내용은 무엇일까?

제일 필요한 것은 '구체적인 정보'이다. 출신학교나 성적 이외의 면접자의 구체적인 경험이나 성격 등을 알고 싶어 하는 것이다.

그 다음은 '지원 동기'이다. 이를 통해서 일에 대한 열정, 일에 대한 관심사 등을 알고 싶어 한다. 뿐만 아니라 '조직에 대한 헌신', '일에 대한 추진력', '다양한 사회 경험' 등을 통해 회사의 조직 생활에 잘 적응할 수 있는 여부를 파악하고 싶어 한다.

대개의 자기소개서는 항목별로 제시되어 있고, 분량을 정해 놓고 있다. 그러므로 평소에 글쓰기 훈련을 많이 해야 한다. 자신의 경험을 회사에서 요구하는 것과 관련지어 제시하여야 한다. 회사의 홈페이지, 회사에서 중요하게 여기고 있는 핵심 요소, 핵심 역량 등을 조사해야 하는 이유가 여기에 있다.

자기소개서를 쓸 때 비슷하고 뻔한 내용으로 채워지지 않도록 유의해야 한다. 특히 태어난 날짜부터 시작해 성장배경을 구구절절 적힌 자기소개서는 크게 도움이 되지 않는다. 자기소개서는 입사 후 포부 및 열정 등의 내용을 담고 있어야 한다.

맞춤법, 띄어쓰기에 세심한 정성을 기울여야 한다. 여러 곳을 지원하다 보면 다른 회사 입사지원 할 때 작성한 것을 그대로 제출할 수 있기 때문에 제출하는 날까지 긴장하여 살펴보아야 한다.

자기소개서는 블로그에 남기는 감상적인 글 혹은 일기에 끄적이는 나에 대한 회고여서는 안 된다. 특히 'ㅋㅋ', 'ㅠㅠ' 같은 이모티콘을 사용하지 말아야 한다. 자신의 개인사를 알리는 글이 아니라, 내가 이 직종에 적합한 인물임을 알려야 한다.

이를 위해 내가 누구인지, 내가 주변 인물들로부터 어떤 영향을 받아왔는지, 현재까지 내 인생에서 가장 중요한 사건은 무엇이었는지, 나의 관심사는 무엇인지, 평생의 꿈은 무엇인지 등에 대해 진지하게 정리해 보아야 한다.

자기소개서는 하루 이틀 사이에 써지는 것이 아니다. '뻔한 자기소개서'를 쓰지 않기 위해서는 그리고 객관적으로 비슷한 '스펙' - 나이, 학력, 경험 등 - 을 지닌 다른 지원자와 나라는 사람을 구별시켜야 한다. 6장에서 제시한 커뮤니케이션 피트니스 센터의 [5] 쓰기 훈련을 다시 한번 생각해 보자.

평소에 토막토막 자신의 경험을 회사에서 요구하는 인재상과 관련지어 글을 써보는 훈련을 하자.

예를 들어 부모님의 직업과 성격은 어떠신지, 나는 어떤 영향을 받았는지, 부모님께 본받을 만한 점과 아쉬운 점은 무엇인지, 특별히 기억에 남는 곳과 사건, 지금까지 살아오면서 가장 기쁘고 행복했던 순간은 언제인지, 가장 불행했던 때는 언제인지, 왜 그랬는지, 이 대학과 전공은 왜 선택하게 되었는지, 어떻게 공부를 했는지, 대학 생활동안 특별히 느끼거나 배운 점은 무엇인지, 지원하는 일과 관련하여 나의 장점과 약점은 무엇인지, 일과 관련하여 나의 포부는 무엇인지, 일과 관련 없이 나의 꿈은 무엇인지, 죽기 전에 꼭 하고 싶은 것은 무엇인지 등에 대하여 하나하나 천천히 생각해 보자.

숙제처럼 한꺼번에 다 답하지 말고 천천히, 시간이 날 때마다 탐구하듯이 해 보자. 그리고 단답형으로 답하기보다 구체적인 경험, 장면을 떠올려보며 이야기를 만들어 나가고 정리해 보자.

자기 자신에 대하여 제대로 알아야 '자기소개서'나 실제 면접에 올바르게 임할 수 있다. 자기 스스로에 대한 앎은 앞으로의 삶을 설계해 나가는 데 매우 중요하다. 다른 것은 놓치더라도 스스로에 대한 여러 가지 질문만큼은 꼭 해 보기 바란다.

그리고 후에 면접 상황에서, 또 대인관계에서 의사소통을 할 때 이 이야기들이 얼마나 강력한 힘을 발휘하게 되는지를 알게 될 것이다.

[2] 자기소개서 작성 방법

대개의 면접자들은 기업에서 어떤 자기소개서를 원하는지 파악하지 못하고 있다. 면접자들은 그들이 이야기하고자 하는 것만을 표현할 뿐 기업에서 원하는 이야기를 말하지 않는다는 점에서 문제는 시작된다. 이것은 본인의 입장에서만 자기소개서를 쓰려고 하기 때문에 나타나는 현상이다. 기업 인사 담당자의 입장, 기업 CEO의 입장에서 자기소개서에 접근하고 여기에 자신에 대한 진지한 고민이 더해진다면 설득력 있는 자기소개서를 완성할 수 있을 것이다. 이 장에서는 자기소개서를 쓸 때의 유의점에 대해 살펴보자.

① 질문 내용에 충실하자

자기소개서에서는 질문 의도를 알고 그에 맞게 내용을 구성해야 한다. '지원동기'에 대해 써야 한다면 지원동기에 맞는 내용만을 쓰면 된다. 본인의 능력 자랑만을 실컷 하다가 지원동기에 대한 언급은 하지 못한 채 끝맺는 경우가 있다. 또 직무 능력을 묻는 질문에 본인의 강점을 이야기하는 경우도 있다. 직무 능력은 그 분야의 실제 지식을 묻는 경우이다. 자신이 가진 전문 지식을 중심으로 질문에서 요구하는 데 중점을 두어 기술해야 한다.

② 필요한 내용만 쓰자

자기소개서의 분량은 한정되어 있다. 자신을 표현하는 데에 도움이 되지 않는 내용은 쓰지 말아야 한다. 그럼에도 자신의 지난 온 과거 이야기를 빠지지 않고 세세하게 하는 사람들이 많다. 자기소개서에서 중요한 건 과거에 있었던 핵심적 사건과 그 사건에서 본인의 행동과 결과이다. 면접관은 자기소개서에 담긴 면접자의 과거 행동과 그로 인해 느낀 생각들을 토대로 면접자의 성격과 업무 능력을 파악해 낸다. 핵심 사건과 관련된 이야기만 서술하고 자신이 무엇을 했는지 서술해야 한다.

③ 자신을 나타내는 중심어(Key word)에 집중하자

자기소개서를 쓸 때 많은 강점을 나열하는 경우가 있다. 그러나

지면이 한정된 자기소개서를 쓸 때는 한두 가지의 강점을 두드러지게 쓰는 것이 좋다. '성실함, 끈기, 인내, 리더십, 열정' 등을 아무리 나열해도 글을 읽는 사람들은 면접자의 강점을 납득할 수 없다. 하나의 키워드를 선택하고 그것에 중점을 두고 적절하고 구체적인 사례를 쓴다면 면접관들도 그 강점을 인정해 줄 것이다. 본인이 가진 능력 중 지원 업무에 도움이 된다고 생각하는 것을 집중적으로 기술하자. 그리고 그에 맞는 적절한 예를 들어서 그 능력을 입증하도록 한다.

④ 직무와 관련 있는 경험을 쓰자

증권회사 지원자가 학원 강사 경험, 식당 종업원, 무대 설치 아르바이트 등의 경험을 나열하는 경우가 있다. 이처럼 지원자의 다양한 경험을 그 연결 고리도 제시하지 못한 채 자신이 다양한 경험을 했다는 것만 쓰기 쉽다. 이런 자기소개서는 면접관을 설득하지 못한다. 이런 자기소개서를 읽으면 "그래서 뭐 그게 어떻다는 건데…"라는 생각만 들게 할 뿐이다. 직무와 관련지을 수 있는 경험, 자신이 가진 강점을 뒷받침할 수 있는 경험을 중심으로 서술해야 한다.

[3] 자기소개서 실제

자기소개서를 쓰기 전에 먼저 자신에 대해 깊이 생각해 보자. 내가 어떤 사람인지, 지금까지 어떻게 살아왔는지 등을 생각해 보며 자신을 뒤돌아보는 시간을 가져야 한다. 그런 충분한 시간을 가진 후에 자소서 질문 항목에 대해 고민하며 차분히 써 내려가야 한다. 여기에서는 실제 자기소개서를 바탕으로 어떻게 쓰면 좋을지에 대해 생각해 보도록 하자. 중요 항목별로 나누어 기술하기로 한다.

① 성장과정

　　저는 어렸을 때 유복한 가정에서 나고 자랐습니다. 하지만 1998년 IMF가 오면서 큰 평수에서 작은 평수의 집으로 옮겨야 할 만큼 가세가 기울었습니다. 하지만 저는 부모님의 부담을 조금이나마 덜어드리고자 아르바이트를 시작했습니다. 중, 고등학교 시절 내내 새벽엔 신문배달을 하며 용돈벌이를 하고 방과 후에는 어머니의 분식점에서 일을 도왔습니다. 학교가 끝나고 놀러 가는 친구들이 많이 부러웠지만 저는 가족을 위해 나를 희생한다는 사명감으로 힘든 시간을 극복했습니다. 3년 후, 아버지가 사업에 재기하시고서야 저는 아르바이트를 그만두고 공부에 매진할 수 있었습니다. 하지만 그 3년은 저에게 잃어버린 시간은 아니었습니다. 그 고된 시간은 저에게 제 또래가 갖지 못한 것을 가졌다는 <u>자긍심</u>을 주었고, 언제나 무엇이든 할 수 있다는 <u>자신감</u>과 나보다 남을 생각하는 <u>이타적인 마인드</u>를 갖게 해서 <u>긍정적인 사람</u>으로 성장하게 만들었기 때문입니다.

성장과정을 통해서 자신이 어떤 사람인지에 대해 표현한 글이다. 위 글을 읽으면 글을 쓴 사람에 대해 어떤 점을 알 수 있는가? '잠시 고생 좀 했겠다.'는 생각이 전부다. 그리고 위의 내용을 지원자가 언급한 '자긍심', '자신감', '이타적 마인드', '긍정적' 같은 태도와 관련짓기 어렵다. 이것은 유사한 어휘를 반복 사용할 뿐 궁극적으로 면접자를 구체적으로 제시하지 못하고 있기 때문이다. '자긍심도 있고 자신감도 있고 이타적이고 긍정적이다.'라고 말하고 있는데 도대체 그런 사람이 어떤 사람인지 갈피를 잡기가 어렵다. 그리고 그런 자질들에 대한 구체적 사례가 빈약하다. 힘든 시간을 극복한 것에 대해 구체적 사례를 쓰고, '어려움을 극복할 수 있는 의지를 키웠다'든지 혹은 '자신감을 키울 수 있었다'라는 구체적 표현을 쓰는 것이 보다 효과적이다. 그리고 끝으로 그런 의지나 자신감을 바탕으로 현재 대학 생활을 어떻게 하고 있는지 혹은 내세울 수 있는 좋은 성과를 말한다면 설득력이 있을 것이다.

② 어려움 극복 방법

자기소개서에 꼭 포함되는 항목 중의 하나가 어려웠던 과거의 경험과 극복 사례이다. 이는 나의 과거 경험 중 누구나 공감할 수 있는 힘들었던 사례를 꼽고 이에 대한 나의 구체적 극복 의지와 행동에 대해 서술하면 된다. 어려움의 극복 과정에서 지원자의 노력이나 창의적인 생각과 열정 등을 그려낼 수 있어야 한다. 또한 그런 경험을 통한 교훈이 나타나야 한다.

택배업체에서 인바운드 전화상담 아르바이트를 했던 당시 10년 만의 폭설이라는 전국적인 눈이 내린 뒤라 택배 업무는 거의 마비가 되었습니다. 더욱이 문제가 되었던 것은 하루에 오는 200여 통의 전화 중에는 같은 수취인으로부터 매일같이 반복적으로 오는 통화가 100여 통이었다는 것입니다. 이에 따라 기존 수동적인 인바운드 형식의 전화 상담 업무로는 문제상황에 대해 고객들의 항의만 더 커질 것 같았고, 업무의 능률에도 큰 저해를 가한다고 판단하였습니다. 천재지변에 어떠한 해결방법도 제시해 줄 수 없는 입장인 택배업체 또한 인바운드 형식을 고수할 수 밖에 없었습니다. 저는 일단 일주일 동안 반복적으로 오는 전화에 대해 빠짐없이 메모해두었고 업무가 끝난 뒤 동료 1명과 회사에 남아 아웃바운드 형식으로 먼저 전화를 걸어 고객들의 배송 현황에 대해 일일이 알려주었습니다. 며칠간 배송이 진척된 것은 없었으나 그 변함없는 배송상태라도 매일같이 안내 받을 수 있었던 수취인들은 더이상 항의하지 않았습니다. 회사측이 자신의 배송문제 해결에 노력하고 있는 중이라는 인식을 받았기 때문입니다. 항의 전화는 50여 통으로 줄어들었고 그 성과로 50만원의 추가 수당을 받을 수 있었습니다.

위에 제시한 자기소개서에서는 스토리가 있고 그 내용을 이해하기가 쉽다. 어려움을 극복하기 위한 면접자의 남다른 행동(업무에 대한 노력), 이에 대한 결과(50만원 추가 수당) 등을 제시하여 구체적으로 양적으로 기술하고 있다. 그리고 문제 해결을 위한 면접자만의 방식이 특별해서 더욱 눈길이 가게 한다. 이러한 자기소개서를 통해 면접관은 면접자가 어떤 사람인지 그려낼 수 있다.

③ 지원 직무에 대한 능력

자기소개서를 쓸 때 면접자는 자신이 가진 능력을 서술해야 한다. 업무와 관련된 지식, 지식 획득과 관련된 면접자의 노력을 보여주어야 한다. 그 지식을 얻기 위해서 어떻게 공부하고 노력했는지를 보여줄 수 있어야 한다. 그러한 노력의 결과로 수상 실적이나 자격증 등을 언급한다면 신뢰도도 높일 수 있다.

> 특별한 목표가 없었던 평범한 대학생활 1년을 마치고 군대에 갔습니다. 무사히 군복무를 마치고 다시 학교로 돌아온 저에게는 작은 목표가 생겼습니다. 그것은 바로 장학금이었습니다. 수업 도중 우연히 교수님께서 스쳐 지나가듯 하신말씀이 "대학생활 동안 누구나 받는 장학금…" 저는 그때까지 장학금을 단 한 번도 받아보지 못했습니다. 뚜렷한 목표가 생긴 저에게는 무서운 것이 없었습니다. 군대 가기 전 3점 초반대의 학점을 졸업 할 때는 4점에

가깝도록 만들었고 그 결과로 성적장학금을 3차례 받았습니다. 그 다음 목표는 영어였습니다. 영어를 배우기 위해서 해외에 나가야 겠다고 결심했습니다. 그러기 위해서는 돈이 필요했습니다. 저는 닥치는 대로 아르바이트를 하면서 돈을 모았습니다. 건설현장부터 편의점 아르바이트 그리고 패밀리레스토랑 주방에서 설거지도 하였습니다. 그런 생활을 1년 정도 하니 약 1,000만원을 모을 수 있었습니다. 저는 이런 경험을 바탕으로 해외 건설현장에서 필수적인 의사소통 뿐만 아니라 학업과 아르바이트를 병행할 때 몸소 터득한 시간 관리를 통해서 공기 내에 공사를 완공하는 법을 예습할 수 있었습니다.

위 글에서는 첫째, 불필요한 내용이 많다. 대학 1년을 마치고 군대에 간 이야기, 군복무를 마치고 작은 목표가 생겼다는 내용 등은 더 짧게 서술하거나 혹은 쓰지 않아도 크게 상관이 없다. 둘째, 서술 내용이 직무(플랜트 사업)와 관련이 적다. 영어, 아르바이트, 건설 현장 경험이 그 사람의 직무 능력을 측정할 수는 없기 때문이다. 직무와 관련된 에피소드 위주로 글을 써야 한다. 이를 통해 자신이 직무와 관련된 능력이 있음을 나타내야 한다. 그런 능력이 입증된 후에 다양한 아르바이트 경험과 건설 현장 경험이 플러스가 될 수 있다.

산학인턴 초기, 간장에 대한 전문가가 되고자 노력하였습니다. 개발하고자 하는 제품의 개념을 잡고자 아침에 눈을 뜨고 저녁에 잠들 때까지 오로지 간장만 생각하였습니다. 부침개에 찍어먹는 간장에 식초를 넣고 고춧가루 넣는 과정을 생략하고자, 칼칼한 맛 간장을 제안했습니다. 간장의 효능과 품질 관리를 위해 영어 논문과 전문 서적을 찾아보았으며, 현직 연구원에게 조언을 얻기도 하였습니다. 시장의 트렌드를 분석하고 아이디어를 발전시키고자 매일 장보기를 했습니다. 처음에는 배합비 맞추는 것을 실패하여 같은 실험을 수도 없이 반복, 기록함으로써 시행착오를 줄였습니다. 제품 컨셉부터 배합비, 살균공정, 포장과 라벨링까지 전 과정에 참여함으로써 '나만의 간장'을 성공적으로 개발할 수 있었습니다. 또한 소장님으로부터 극찬과 더불어 채용약속을 받았습니다.

위 글에서는 직무(식품 연구소)와 관련된 전문 지식을 습득하기 위한 본인의 노력을 구체적으로 설명하고 있다. 이에 따라 그 노력의 결과 (제품 개발 성공 및 채용 약속)까지도 신뢰가 간다.

④ 지원 동기

지원 동기를 쓸 때 반드시 생각해 둬야 할 것이 있다. 왜 다른 회사가 아닌 '지원하는 회사인가?'에 대한 특별한 이유를 제시할 수 있어야 한다. 회사 지원 동기를 분명하게 밝힐 수 있다면 다른 지원자와 차별화에 성공하게 된다. 회사 지원 동기와 함께 지원 직무에 대한 지원 동기도 함께 써야 한다.

원양어업분야 업계 1위, The Cans of the Year Awards 2012 국내 업계 최초 수상 등의 화려한 스펙보다 마음에 와 닿았던 것은 인턴을 하면서 느꼈던 연구소 내의 화목한 분위기와 신뢰를 바탕으로 한 팀워크였습니다. (중략)

위 자기소개서에서는 지원 동기로서 인턴 생활을 통해 알게 된 '화목한 분위기와 신뢰'를 꼽고 있다. 인턴 생활을 하지 않았다면 신문이나 자료 수집을 통해서 그 회사만이 가진 강점을 분석해 낼 수 있을 것이다. 자신의 분석 내용을 바탕으로 그 회사의 강점을 설명하며 지원하게 되었다고 설명하는 것이 바람직하다.

'사람에 대한 투자를 아끼지 않는다.' 이것은 ○○보험만이 가진 강점이라고 생각합니다. 고객을 위한 업계 최초 LTE 기반 모바일 보상시스템 'L-Claim' 구축, 설계사 특성에 맞춘 교육 실시 등은 고객과 직원 모두를 배려한 ○○보험의 투자입니다. 저는 사람의 가치를 아는 바로 이 곳에서 제 꿈을 펼쳐보고 싶어 지원하게 되었습니다.

    또한 저는 교내 동아리 동문회장, 취업준비반 등의 리더로서 제 능력을 발휘하는 일에 매력을 느끼며 즐깁니다. 제 능력을 발휘하여 조직의 목표를 달성하고 그에 따른 보상을 실현할 수 있는 ○○보험에서 일하고 싶습니다.

위 자기소개서는 지원회사와 직무를 모두 고려하여 지원 동기를 썼음을 확인할 수 있다. ○○보험에 대한 사전 조사를 통해 다른 회사와 차별화된 ○○보험만의 특성을 밝히며 지원 동기로 활용하고 있다. 그래서 지원 회사에 대해 충분한 조사가 이루어졌다는 느낌을 주므로 좋은 평가를 받을 수 있다. 또한 자신의 능력이나 특성을 업무 특성과 연관 지어 지원 동기를 밝히고 있다.

[4] 잘 쓴 자기소개서의 예

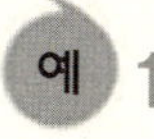

아래 제시하는 자기소개서를 읽어 보자. 각기 자기가 말하고자 하

는 것에 대해 소제목을 달았다. 이것은 자신이 말하려고 하는 것을 요약하여 제시하는 것이다. 소제목을 달거나 혹은 처음 문장에 주제를 말하고 시작하였다(두괄식). 따로 소제목에 고사성어를 넣기도 했다. 부록에 제시하는 고사성어를 이렇게 소제목으로 혹은 자신의 이야기를 나타내는 비유어로 사용하면 아주 효과적이다.

1 자신이 가진 열정에 대하여

안 되면 되게 하라!

공수부대에서 2년 동안 군 생활을 하며 제대 후에도 제 삶의 좌우명이 된 부대구호입니다. 이를 바탕으로 어려운 상황과 마주할 때마다 직접 부딪히고, 발로 뛰면서 목표를 달성해 왔습니다. 대학생활 중, '서울의 숲으로 가는 가상 교량설계' 프로젝트를 맡은 적이 있습니다. 원하던 주제가 아닌 비전공 프로젝트였던 탓에 시작부터 팀원 모두가 방향을 잡지 못해 낙담하고 있었습니다. 하지만, 저는 비전공분야, 실무정보 부족이라는 큰 문제점들이 해결된다면 프로젝트가 한층 더 수월해지리라 판단했습니다. 그 후 앞장서 교량관련 서적들을 공부했고, 건설회사에 근무하는 선배를 찾아가 프로젝트에 관한 실무정보를 얻었습니다. 그러자 프로젝트의 길이 조금씩 보이기 시작해 팀원들의 열정을 자연스럽게 끌어낼 수 있었습니다. 이때부터 우리 팀이 실제로 건설할 교량이라

는 마음가짐으로 맡은 일을 해결해 나갔습니다. 그 결과 전체 3위
의 좋은 평가를 받을 수 있었고 이를 통해 열정과 행동이 뒷받침
된 위기대처능력을 키울 수 있었습니다.

아이들에게 새로운 세상을

1년 동안 뇌수종에 걸린 장애아동들을 돌보는 '우리 이웃' 봉사
프로그램에 참여했었습니다. 6개월 동안 봉사를 해오면서 아이들
에게 집과 동네병원, 학교뿐인 작은 세상밖에 보여주지 못하는 것
이 항상 아쉬웠습니다. 그래서 프로그램의 팀장을 맡게 된 후 가
장 먼저 소풍을 기획하였습니다. 하지만 '우리 이웃'에서 처음 기
획하는 프로그램으로 전례가 없었기에 새롭게 모든 계획을 만들
어야 하는 상황이었습니다. 그래서 가장 먼저 오랫동안 함께 해온
기존봉사자들과 회의를 통해 계획을 작성하였습니다. 음식의 양
과 참여 인원 수를 결정한 후에 몇몇 장소를 후보에 올렸고 후보
지를 직접 찾아다니며 사전답사를 했습니다. 또한 부족한 금액은
봉사자들에게 음식 한 가지씩을 준비하게 함으로써 해결할 수 있
었습니다. 마지막으로 재미있는 소풍을 만들기 위해 회의를 통해
아이들이 좋아하는 행동을 위주로 한 레크레이션과 봉사자들 간
친분을 다질 수 있는 프로그램을 만들었습니다. 그 결과 여의도
공원에서 아이들 6명과 봉사자 30명이 함께 즐겁게 시간을 보내
며 사고 없이 프로그램을 마칠 수 있었습니다. 봉사자들과 합심하

여 아이들에게 밝은 웃음과 추억을 선물해줄 수 있었던 것에 큰 보람을 느낀 경험이었습니다.

2 본인이 이룬 가장 큰 성취에 대하여

한 번의 경험 > 10번의 설명

이라크 파병 당시 우리 대대에 한국 기자단 방문이 예정되어 있었습니다. 이에 대대장님은 국내에 파병에 대한 긍정적 의미를 전달할 기회라 생각하고 딱딱한 보고방식과 다른 색다른 방법을 원하셨습니다. 이 말을 듣고 저 역시 3번의 민사작전을 통해 느낀 파병의 진솔한 의미를 전달하고 싶었습니다. 그래서 민사작전에 기자단을 참여시켜 현지주민이 느끼는 한국에 대한 이미지와 민사작전의 성취감을 직접 느끼게 해보자는 생각을 건의했습니다. 이 의견은 대대장님의 허가와 함께 진행되었고 저는 3명의 기자를 수행하는 임무를 맡게 되었습니다. 작전 당일 데마트 마을 오·폐수로 개설을 함께하며 땀을 흘렸고, 아이들을 위한 한국동요 수업과 학용품 전달식에 참여했습니다. 작전에 참여한 기자분에게 "체험을 통해 말이 안 통해도 이곳 주민이 한국을 친구의 나라로 생각하는 것을 느꼈다."라는 말을 들었을 때 큰 성취감을

3 본인의 가장 큰 실패 경험에 대하여

장점을 지워버린 지나친 자신감

직전 학기에 로보틱스라는 과목을 수강하면서 로봇설계 프로젝트를 맡았었습니다. 로봇의 자유도가 높을수록 높은 점수를 받는다는 얘기를 듣고 팀장인 저는 팀원들의 의견을 듣지 않은 채 6자유도 로봇으로 결정하였습니다. 평소 좋아하던 과목이라 시간, 상황을 고려하지 않고 해낸다는 자신감만으로 내린 결정이었습니다. 그러나 짧은 준비기간 동안 6자유도 구동은 힘들게 느껴졌고 마감이 다가올수록 팀원들의 저에 대한 원망은 점점 커졌습니다. 결국 시간 내 가능했던 2자유도 구동만으로 제출하게 되어 제가 가장 중요시하던 과목에서 팀원 모두 평균 이하의 성적을 받게 되었습니다. 이로부터 일의 시작에 앞서 구체적인 계획과 목표를 세우는 것이 중요하다는 것을 배웠고, 평소에 저의 강점이라 여기던 팀워크에서의 '소통'을 경시한 실패경험을 통해 소통의 중요성을 다시 한번 깨닫게 되었습니다.

一刻千金(일각천금)

학기가 맞지 않다는 이유로 목표 없이 2학년을 마치고 휴학을 하였습니다. 막연하게 내렸던 결정 때문에 6개월간의 시간을 허송세월로 보내게 되었고 대학생활 중 가장 후회가 되는 시간으로 남아 있습니다. 하지만 이를 통해 다시는 헛되이 시간을 보내지 말자는 다짐을 하게 되었고 연간 목표, 월간 체크리스트 등의 작성을 통하여 시간을 효율적으로 사용하는 습관을 생활화하게 되었습니다.

4 본인의 역량에 관하여(Global 감각/지원 분야 관련 전문지식)

태슈립(이라크)에 팟타이(태국)를 얹어 먹는 남자

이라크 파병과 유럽, 태국 배낭여행을 통해 완벽한 의사소통은 아니었지만, 극과 극의 문화를 체험하면서 그들의 삶에 빠르게 적응할 수 있는 능력을 길렀습니다. 파병 간 민사작전 수행을 통해 마을주민과 서로의 음식을 바꿔 먹을 기회가 있었을 때 전통음식인 태슈립의 독특한 향과 향신료에도 다른 부대원들과 달리 맛있게 먹을 수 있었고 유럽 각국의 Pub 문화와 거리공연에 참여하여 그들의 삶을 느낄 수 있었습니다. 또한 태국 배낭여행 간 현지대 학생들과 친구가 되어 파타야 여행을 함께했고 이 시간 동안 각자 나라의 음식, 서로의 관심사 등을 교류하며 더욱 친해질 수 있었 습니다. 이처럼 완벽한 의사소통능력도 중요하지만 각 나라의 생 활방식에 빠르게 적응하고 여러 나라의 사람들과 쉽게 친해질 수 있는 능력 또한 중요한 역량이라고 생각합니다. 기회가 주어진다 면 이런 능력을 바탕으로 각국 사람들의 Needs를 빠르게 파악하여 XX전자의 글로벌 브랜드 이미지 향상을 위해 노력하겠습니다.

Product Life Up!

　제품의 수명을 단축하게 하는 진동과 제품의 질을 떨어뜨림으 로써 고객 만족을 저해시키는 소음. 기계 진동학수업과 자동제어 수업을 수강하면서 이 두 가지 문제의 해결에 기본이 되는 지식을 쌓아왔습니다. 진동, 소음의 스펙트럼을 Fast Fourier Transform을 이용하여 분석하는 능력을 길렀고, Bode Plot 해석을 통해 필터를 사용하여 진동, 소음을 감소시키는 법을 알게 되었습니다. 이러한 기초지식을 바탕으로 XX전자에서 더욱더 발전하는 Engineer가 되 어 제품 Quality 향상을 통한 고객 만족 No.1을 달성하는 데 기여 하겠습니다.

소통의 리더십

저는 다수 의견뿐만 아니라 소수 의견에도 귀 기울여 모두가 불만을 느끼지 않는 절충안을 만들어가며 팀을 이끌어 왔습니다. 이 과정을 통해 팀원의 장·단점을 자연스레 파악할 수 있었고 이를 바탕으로 효율 높은 일의 진행을 통해 내실 있는 팀으로 성장시킬 수 있었습니다. 1년 전 6명에서 시작한 풋살 모임이 11명으로 늘어나면서 저를 포함한 대다수 인원이 축구 동호회를 만들기로 했습니다. 하지만 회장을 맡고 일을 진행하면서 소수 팀원이 다수 의견에 따라 어쩔 수 없이 끌려오고 있다는 느낌을 받았습니다. 그 순간 함께해온 인원이 한 명이라도 그만두는 상황이 발생한다면 팀의 기강이 흔들릴 것이란 생각이 들었습니다. 그래서 팀을 만드는 데 소극적이던 팀원과 만나서 이야기를 나누었고 이를 통해 그간 하지 못했던 불만사항과 속내를 알 수 있었습니다. 불만사항은 세 가지였습니다.

1. 매달 내야 하는 회비가 부담스럽다. 2. 재미를 위해 운동을 하던 취지가 실력향상의 취지로 바뀌면서 실력이 뒤처지는 사람은 부담을 느낀다. 3. 앞으로 팀원들이 더 들어오게 되면 실력이 뒤처지는 사람은 뛸 기회가 줄어들 것이다. 이 의견을 들으면서 역지사지로 소수 팀원의 마음을 이해할 수 있었습니다. 저는 고민

끝에 다수와 소수 의견을 절충하여 다음의 결론으로 팀원 모두의 동의를 얻을 수 있었습니다.

회비는 기존금액의 절반으로 감소하여 부담을 줄이고, 실력 여부와 관계없이 공평하게 뛸 기회를 부여한다. 또한 지적이 아닌 조언을 통해 탄탄한 팀워크를 갖춘 팀을 지향하겠다. 그 결과 현재 회원 수 30명의 'FC적량'이란 탄탄한 축구팀으로 성장할 수 있었습니다. 이런 저의 소통의 능력은 XX전자에서 원활한 팀워크를 위한 윤활유 역할을 할 수 있을 것이라 자신합니다.

사서 고생

반면 모든 일을 직접 해결하려는 욕심은 많은 스트레스와 성급함을 만들어냈습니다. 이를 보완하기 위해 프로젝트 시 많은 대화를 통해 효과적인 분업으로 일의 능률을 높여왔고 좀더 일찍 준비하는 습관을 길러 여유를 가지려고 노력하고 있습니다.

저의 인생 목표는 기구개발 분야에서 최고의 Engineer가 되는 것입니다. 빠르게 변화하고 있는 Trend를 따라가기보다는 혁신적인 마인드로 글로벌 Trend를 선도하는 Engineer가 되겠습니다. 이를 실천하기 위해 향후 10년간 아래와 같은 계획을 잡아 구체화하면서 제 목표를 달성하고자 합니다.

1. 입사~2년 : HE 기구개발 분야에서 일하며 세계 가전의 NO.1 브랜드 XX전자의 KNOW-HOW를 빠르게 습득하겠습니다.

2. 입사~5년 : 제작된 제품들의 장·단점을 파악하겠습니다. 또한 구매자들이 겪는 불편함과 희망 사항에도 귀를 기울이는 VOC 분석을 통하여 Global Standard가 될 수 있는 새로운 Item을 찾아내겠습니다.

3. 입사~8년 : 만들어낸 Item을 기반으로 구체화 및 제품화를 통해 타사와 차별되는 새로운 브랜드 이미지 구축을 이루어내겠습니다.

4. 입사~10년 : 개발한 제품을 기반으로 입사하는 회사의 브랜드 이미지와 시장의 점유율을 NO.1로 만들겠습니다.

위와 같은 계획을 실행해 나가면서 지속적인 연구를 통해 최고의 Quality, 최적의 Cost 달성과 신공법 개발을 위해서 꾸준히 노력하겠습니다. 이를 통해 기구개발 분야의 최고 엔지니어가 되자는 제 인생목표를 이 회사의 넓은 Global 필드 안에서 이뤄내겠습니다.

 2

다음 제시하는 자기소개서는 게임 회사에 제출한 것이다. 게임의 특성과 자기의 성장과정을 연관지어 설명한 독특한 자기소개서이다.

Game is my life

1986년 5월 16일, 이 세상에 level 1짜리 제 캐릭터가 생성되었습니다.

누구나 처음 게임을 시작하면 아무것도 모르듯이 저 또한 이 세상을 알아가기 위해 초등학교라는 기본 튜토리얼 과정을 성실하게 배워나갔습니다. 학교를 다니며 쌓은 기본 경험치로 많은 level up을 할 수 있었고 건설 회사에 근무하시는 아버지를 따라 해외에 2년 정도 거주하며 보다 넓은 시야를 가질 수 있게 되었습니다.

level 12가 되었을 때 처음으로 컴퓨터라는 아이템을 선물 받았습니다. 그리고 이 586 컴퓨터는 제가 직업을 게임 개발자로 정하는 결정적인 역할을 하게 됩니다. 게임이 너무 좋아 여러 종류의 게임들을 플레이 하게 되고 그러면서 자연스럽게 컴퓨터와도 친숙하게 되었습니다. 그렇다고 집에서 컴퓨터만 하지 않고 친구들과도 어울려 파티 플레이도 하며 좋은 대인 관계를 가졌습니다.

level 20이 되어 드디어 저의 전공 스킬을 정할 수 있게 됩니다.

그리고 당당하게 △△대학교의 디지털 콘텐츠학과를 선택하여 재미있는 게임을 개발하겠다는 포부를 가졌습니다. 그렇지만 대학 생활의 재미에 빠져 인생 경험치는 쌓여갔지만 전공 관련 스탯을 찍지 못했습니다. 그리고 그렇게 대한민국 국적을 선택해서 필수 코스인 군에 입대를 하게 됩니다. 공군 생활 중 병장 때 비행단의 병사 대표인 단대표병사라는 지위를 선사받아 중요한 업무와 회의를 진행함으로 책임감과 리더쉽이라는 것을 알게 되었습니다.

level 23에 군을 전역하고 pc방 아르바이트와 전공 공부를 하며 전공과 관련 된 경험치를 조금씩 쌓아갔고 level 24에 복학해서 제대로 전공 스킬들을 배우게 되었습니다. 조금 늦게 전공 스킬을 배워 초반에는 어려움도 많았지만 그만큼 다른 사람보다 더 열심히 하자는 마음으로 열정과 끈기를 가지고 배웠습니다.

뒤늦게 타오른 저의 게임에 대한 순수한 열정은 솔로 플레이 뿐 아니라 파티플레이 시 솔선수범하여 작업을 진행하였고 팀을 리드하며 난관에 부닥쳤을 때 팀원들이 낙오하지 않고 무사히 프로젝트를 완수할 수 있도록 도왔습니다. 그 결과 '제2회 디지털콘텐츠학과 과제전'에서 대상을 받는 수확도 있었고 스마트폰용으로 개발한 게임이 기업의 눈에 띄어 상용화 제안을 받아 3개월간 협력 개발도 했습니다.

그렇다고 공부만 한 것은 아닙니다. 대학 생활 중 조금은 내성적인 자신의 성격을 개선하고자 중국 무술 동아리 '비화랑'에 가입을 했고 활동하며 여러 행사에 참여해 공연도 했습니다. 또한 저와 같이 게임에 관심이 많은 학우들과 교내 게임 제작 파티를

만들었고 지금도 활발히 교류중입니다. 게임에 대한 저의 열정은
여전히 뜨겁습니다.

　　요즘 대부분의 큰 게임회사가 주로 퍼블리싱에 의존하는 것에
비해 △△소프트는 자체 개발도 중시하는 진정한 게임 회사라고
알고 있습니다. 저는 이런 명실 공히 대한민국 최대, 최고의 게임
회사인 △△소프트에서 제 뜨거운 열정을 불태우고 싶습니다.

 **3**

　　아래 제시하는 자기소개서는 건설회사에 입사하기 위해 작성한 것
이다. 소제목을 달아 주제를 요약 정리한 것은 높이 살 만하지만 각
각의 내용이 '건설회사'라는 하나의 목표로 모으지 못한 단점이 있다.

"백화점을 보며 미래를 꿈꾸다"

　　어릴 적 어머니를 따라서 집 근처에 있는 ○○백화점 미아점을
다니면서 건축에 대한 꿈을 키웠습니다. 단조로워보이는 아파트
보다 백화점, 주상복합 건물들을 보면서 '나중에 커서 꼭 저런 건
물을 만드는 건축시공자가 되어야지'라는 생각으로 자랐습니다.

백화점의 역사를 함께한 ○○백화점을 짓는 회사 ○○건설은 앞으로 건축의 역사를 함께하게 될 것이고 저도 한 일원으로서 함께할 것입니다. 다양한 사회경험을 바탕으로 얻어진 자신감과 낙천적인 성격, 도전을 두려워하지 않는 정신은 저의 역량을 높이는 데 좋은 밑거름이 될 것입니다. 또한 초·중·고등학교 내내 봉사상을 도맡아서 탈 만큼 많은 봉사활동을 하면서 얻은 섬기고 나누는 자세를 가지고 ○○건설에 입사하여 많은 것을 배우고 소통할 것입니다. 낮은 자세로 귀를 기울이되, 저의 목소리를 낼 수 있는, 많은 사람들과 함께 목소리를 내는 분위기를 만드는데 일등공신이 되고 싶습니다.

"세상 어느 곳에서든 당당하고 자신감 있는 청년"

학교, 대외활동, 교회에서의 많은 리더경험은 저를 자신감 있고 당당하게 만들었습니다. 경험을 통해 얻어진 사교적이고 분위기를 주도하는 능력은 저에게 열정을 불어넣는 활력소 역할이 되어 줍니다. 초등학교 시절까지 내성적이고 부끄러움이 많던 제 성격은 반장 경험을 통해 사람들 앞에서 당당해지는 습관으로 바뀌었고, 대외활동에서의 리더, 교회에서의 오랜 회장 경험은 리더로서의 통솔력뿐만 아니라 팀원들과의 조화에 있어서도 친화력을 발휘할 수 있는 계기가 되었습니다. 낙천적이고 밝고 활동적이고 분위기를 주도해 나가는 저의 성격은 회사 내에서도 활력소가 될 것입니다.

"많은 대외활동을 통한 역량, 00건설의 맞춤인재!"

저는 GSSHOP 대학생봉사단 서울 공연문화1팀장, 외교통상부 해외안전여행 서포터즈, 한국청년유권자연맹 리포터로 활동하였습니다. 고객지향의 자세와 팀장으로서의 리더십, 열정과 신뢰는 ○○건설이 추구하는 존중과 배려의 경영이념에 맞춘 역량을 키우는 데 큰 원동력이 되었습니다.

"열정적으로 끊임없이 도전하는 여행정신"

국내/외를 불문한 많은 여행의 경험은 저에게 뜨거운 젊음과 열정을 가지게 만든 가장 큰 원천입니다. 세상이라는 도화지에 제가 그림을 그리는 여행을 하는 것은 제 여행의 가장 큰 매력입니다. 저의 열정과 도전정신은 어떠한 상황에서든 헤쳐나갈 수 있는 용기를 주었습니다. 회사에 입사해서도 어떠한 일이든 의견을 조율하고 헤쳐나갈 자신이 있습니다.

참고 문헌

강진주(2003), 『남자는 스타일로 승부한다』, 리즈앤북.

구현정(1997), 『대화의 기법』, 한국문화사.

구현정(2003), 『대화 : 사람의 마음을 표현하는 최선의 방법』, 인디북.

구현정(2007), 『화법의 이론과 실제』, 박이정.

김기봉(2001), 『(대기업 면접관이 말하는) 면접살생부』, 양서원.

김농주(1997), 『100점 면접 활용법: 취업면접의 효과적인 자기 연출을 위한』, 신원문화사.

김승용(2005), 『2006년 취업전략』, 하이비전.

김원동(2004), 『클릭 취업 면접 쉽게 통과하기』, 책과 사람들.

김원동(2008), 『무한도전 성공면접』, 책과 사람들.

김종환 · 나욱철 · 백광봉 옮김(2005), Alan H. Nierenberg 지음, 『면접관을 인터뷰하라』, 한국매그로힐(주)

김창룡(1994), 『인터뷰, 그 기술과 즐거움』, 김영사

김탁환(2004), 「고소설과 이야기문학의 미래」, 『고소설연구』 제17집, 한국고소설학회, pp.5~28.

김현강(2009), 『매체인터뷰의 담화전략』, 한국문화사.

김효정(2009), 『나는 이렇게 면접을 통과했다 : 합격자 30명의 입사면접 이야기』, 메디치.

매경비지니스(1994), 『면접 가이드』, 매일경제신문사.

문상식(2009), 『자기소개서 & 면접 : 자기소개서! 제대로 쓰고, 면접! 자신 있게 말하기』, 박문각.

박인용(1996), Heaviside, George 지음, 『면접시험에 합격하는 법』, 열린세상.

박종흡(2003), Spradley, James P 지음, 『(문화기술적) 면접법』, 시그마프레스.

변혁(2000), 『인터뷰』, 우일영상.

서승환(2004), 『(대학 교수 20인이 쓴) 심층면접 논술 알짜배기』, 지상사.

서형준(2008), 『면접의 정석』, 부키.

손언영(2007), 『(면접관이 선호하는 0순위) 자기소개서 이력서 쓰기』, 랜덤하우스코리아.

아이케이씨 기업문화연구팀(2006), 『우리 회사는 이런 인재를 원한다 : 10대그룹 취업 · 면접 필살기』, 웅진씽크빅.

안현희(2007), 『(잡코리아와 함께 하는 실전 면접에 강한) 면접질문 199제』, 제우미디어.

양서원(2003), 『(면접관이 말하는) 공무원 면접 시험 check list』 공무원면접시험연구회.

오효진(2004), 『인터뷰의 황제가 되는 길 : 오효진의 인간탐험 저자가 쓴 체험적 인터뷰
　　　론』, 月刊朝鮮社.

윤광희(2004), 『만점 면접 노하우』, 물푸레.

윤치영(2006), 『면접 하루 전에 읽는 책』, 팜파스.

이경륜(2007), 『이력서 자기소개서 국문 영문 이렇게 쓰고 면접 프리젠테이션 국어 영
　　　어 이렇게 말한다』, 세창미디어.

이병숙(2006), 『차별화된 면접 경쟁력을 키워라 성공한 그녀들의 취직 전략 엿보기』, 팜
　　　파스.

이완규(2006), 『(취업대비)면접잡기 = Corporation interview all in』, 시대고시기획.

이진원 옮김(2009), 타구치 히사토 지음, 『나도 나를 모르는데 취업을 하겠다고』, 브레
　　　인 스토어.

이현표(2001), Falkenberg, Viola 지음, 『인터뷰이를 위한 인터뷰의 이론과 실제』, 커
　　　뮤니케이션북스.

인크루트(2005), 『면접아, 나랑 한판 붙자! : 취업·전문기관 인크루트』, 인크루트.

정동수 외 지음(2004), 『면접 딱풀: 면접 붙을 이유 딱 하나면 술술 풀린다』, 제이앤북.

정동수(2009), 『면접의 기술 : 기본스펙으로 뚫는 1% 합격의 비밀』, 은행나무.

정동수(2009), 『면접의 기술』, 은행나무.

조성철(2001), 『(입사면접 테크닉) 면접 시험 성공하기』, 예문당.

조오현(2006), 『(자기 가치를 높이는)면접과 프리젠테이션 전략』, 건국대학교출판부.

주경희(2010), 『면접관을 위한 면접 가이드』, 박이정.

주경희 이혜용 (2010), 『취업면접 클리닉』, 박이정.

최예정·김성룡(2005), 『스토리텔링과 네러티브』, 글누림.

최혜실(2009), 『문화 콘텐츠 스토리텔링을 만나다』, 삼성경제연구소.

한국데이타(1991), 『면접·자기소개서·취업논(작)문』, 한국데이타 편집부.

한현숙·전은주(2008), "면접화법의 교수-학습 내용에 대한 비판적 고찰", 『새국어교육』
　　　제79집, 한국국어교육학회, pp.419~445.

황미진 옮김(2005), 스기무라 타로 지음, 『면접의 기술』, 한국재정경제연구소.

황선길(2005), 『(잡코리아와 함께 하는) 면접질문 174제』, 제우미디어.

Ann Demarais, and Valerie White(2004), First Impressions, Bantam.

Bob Adams(2001), Job Interview, Adams.

Carole Martin(2004), Boost Your Interview, Mc Graw Hill.

Hall, Edward Twitchell(1971), *Beyond Culture*, Anchor Books/Doubleday.
　　　최효선 역(2000), 문화를 넘어서, 한길사.

Jack Warner & Clyde Bryan(2003), Inside Secrets Of Finding a Teayyching Job jist Works.

Kate Wendleton(1996), Getting Interviews, Career Press.

Laura Davis(2002), I Thought We'd Never Speak Again, Harper Collins.

Lawrence Grobel(2004) The Art Of The Interview, Three River Press.

Matthew J. Deluca & Nanette F. Delucal(2004), 24 Hours To The Perfect Interview Mc Graw Hil.

Mishler, Elliot G.(1991), *Research Interviewing*: Context and Narrative, Harvard University Press.

Robin Kessler(2006), Competency-Based Interviews, Carrer Press.

Shearer, Robert A.(2004), *Interviewing*. Pearson Prentice Hall.

Stephen Denning(2006), *The Leader's Guide to Storytelling*, 스토리텔링으로 성공하라, 안진환 옮김, 을유문화사.

Tom Washington(2004), Interview POWER Selling Yourself Face To Face, Mount Vernon Press.

부록

고사성어

다음에 나오는 어휘나 고사성어는 자기소개서나 대답 방법 등에 사용하면 나 자신을 매우 '있어' 보이게 하는 것들이다. 한번 읽어 보면서 자신의 경험을 잘 나타내주는 것, 자신의 정체성이나 가치관을 나타내 주는 것을 골라 실제로 활용해 보자.

結草報恩(결초보은)

중국 춘추시대 진(秦)의 환공(桓公)이 어떤 노인의 도움을 받아 진(晋)의 장군을 사로잡게 되었다. 그 노인이 꿈에 나타나 자신의 딸이 환공 부친의 첩이었는데, 환공이 부친이 죽고 나서도 그 첩을 순장하지 않고 개가를 시킨 은혜를 갚기 위하여 풀을 묶어 두었고, 이에 진의 장군이 타던 말이 그 풀에 걸려 넘어지게 된 것이라 하였다. 은혜를 반드시 갚는다는 뜻이다.

刮目相對(괄목상대)

눈을 비비고 상대한다는 뜻으로 학문이나 기술이 크게 진보하였음을 가리키는 말이다. 중국 삼국시대 여몽(呂蒙)이라는 군인이 바빠서 책을 읽지 않자 손권(孫權)은 한(漢)의 광무제(光武帝)가 바쁜 와중에도 손에서 책을 놓지 않았고 조조(曹操) 역시 바쁜 군무에도 불구하고 손에 책을 놓지 않았다고 깨우쳐주었다. 이 말을 듣고 여몽이 독서에 열중하여 학식이 매우 높아졌다. 이에 여몽은 "선비가 헤어진 지 사흘이면 마땅히 괄목상대(刮目相待)해야 한다."고 하였다.

錦上添花(금상첨화)

좋은 옷을 금의(錦衣)라 하고 나쁜 옷을 포의(布衣), 혹은 마의(麻衣)라 하였는데, 금의(錦衣)는 벼슬을 한 사람이 입고 포의(布衣)와 마의(麻衣)는 그렇지 못한 사람이 입었다. 금상첨화(錦上添花)는 비단옷 위에 꽃무늬를 더한다는 말로 좋은 것에 더욱 좋은 것을 더한다는 뜻이다.

錦衣還鄉(금의환향)

비단옷을 입고 고향으로 돌아간다는 뜻이다. 항우(項羽)가 "부귀를 이룬 후에 고향으로 돌아가지 못하면 아름다운 수를 놓은 옷을 입고 밤길을 가는 것과 같으니 누가 알아주겠는가?" 하였다.

多多益善(다다익선)

많으면 많을수록 좋다는 뜻. 한(漢)나라 유방(劉邦)이 중국을 통일할 무렵 자신을 위해 큰 공을 세웠던 장군 한신(韓信)이 혹 모반을 할까 하여 미리 사로잡았다. 유방은 한신에게 자신이 몇 명이나 거느릴 수 있는가 다시 묻자 한신은 다다익선(多多益善)이라

하였다. 유방은 다다익선(多多益善)인데 어찌 자신에게 사로잡혔는가 물었다. 이에 한신은 유방이 병사는 잘 거느리지 못하지만 장군을 거느리는데 뛰어나고 또 천명이 유방에게 있었기 때문이라고 답하였다.

大器晚成(대기만성)

큰 그릇은 늦게 이루어진다는 말로, 큰 인물은 짧은 시간에 만들어지지 않는다는 뜻이다. 『노자(老子)』에서부터 보이는 매우 오래된 중국의 속담이다. 중국 삼국시대 위(魏)나라의 최염(崔琰)이라는 풍채가 아름다운 장군이 있었는데 그 사촌 최림(崔林)은 외모가 아름답지 못하고 출세도 하지 못하여 주위사람들로부터도 멸시를 당하였다. 그러나 최염은 최림의 인물됨을 꿰뚫어 보고 큰 종(鐘)이나 솥은 쉽게 만들어지는 것이 아니요, 큰 인물도 대성하기까지는 오랜 시간이 걸린다고 하였는데, 훗날 최림은 재상의 반열에까지 올랐다.

陶冶(도야)

도(陶)는 질그릇을 굽는 것이고 야(冶)는 쇠를 불려 다스리는 것을 이르는 글자다. 여기에서 뜻이 발전하여 몸과 마음을 다스려 바르게 하는 수양을 가리키게 되었다. 도(陶)는 즐겁다는 뜻도 있는데 도취(陶醉)라는 말은 기분 좋게 술에 취하였다는 말이다. 여기에서 뜻이 발전하여 사물이나 경치에 듬뿍 빠졌다는 뜻으로 사용한다.

度外視(도외시)

안중에 두지 않고 무시한다는 뜻. 후한(後漢)을 일으킨 광무제 (光武帝)가 천하를 거의 통일한 후 항복하지 않은 무리들이 일부 있었으나 중원(中原)이 평정되었으니 도외시(度外視)하라고 하였 다. 전쟁에 동원된 군사들을 하루 빨리 고향으로 돌려보내고자 한 뜻 때문이었다. 置之度外(치지도외)라고도 한다.

登龍門(등용문)

용문(龍門)에 오른다는 말로, 입신출세의 관문을 일컫는다. 중요 한 시험을 비유하기도 한다. 용문은 중국 황하(黃河) 상류에 있는 협곡 이름인데, 그곳으로 흐르는 물이 세차고 빨라 큰 물고기도 여간해서 거슬러 올라가지 못하지만, 일단 오르기만 하면 그 물고 기는 용이 된다는 전설이 있다. 용문에 오른다는 것은 어려운 난 관을 극복하여 약진(躍進)의 계기를 마련하였다는 뜻이다.

孟母三遷之敎(맹모삼천지교)

맹자(孟子)의 어머니가 처음에는 묘지 근처에 살았는데 맹자가 매장하는 일을 따라 하여, 시장 근처로 다시 이사하였더니 맹자가 장사꾼들의 흥정을 따라 하였다. 이에 다시 학교 근처로 이사하 자, 맹자가 책을 읽는 흉내를 내었다고 한다.

面壁(면벽)

벽을 마주하고 있다는 뜻으로 수양에 힘쓴다는 뜻이다. 고승 달마대사(達磨大師)는 인도에 있는 한 나라의 왕자였는데 바다를 건너 중국으로 들어가 숭산(崇山) 소림사(小林寺)에서 9년 동안 벽을 마주하고 말을 하지 않은 채 수양하였다.

尾生之信(미생지신)

미생(尾生)의 신의(信義)라는 말로, 고지식하여 융통성이 없는 것을 비유한다. 약속을 굳게 지키는 것을 비유하기도 한다. 중국 고대에 미생이라는 사람이 있었는데 여인과 다리 밑에서 만나기로 약속하였는데 갑자기 비가 내려 강물이 불어났으나, 약속을 지키기 위하여 교각을 끌어안은 채 익사하였다고 한다.

白眉(백미)

여러 사람들 중에서 특출한 존재를 가리키는 말. 마량(馬良)의 형제가 다섯이었는데 그중 눈썹이 흰 마량이 가장 뛰어났다는 데서 나온 말이다.

似而非(사이비)

비슷하지만 아니라는 말. "공자(孔子)가 비슷하지만 아닌 것을 싫어하였으니, 강아지풀을 미워하는 것은 그것이 싹을 어지럽게 할까 걱정해서고, 아첨을 미워하는 것은 그것이 의리를 해칠까 걱

정해서고, 아첨을 미워하는 것은 그것이 의리를 해칠까 걱정해서
고, 말 잘하는 것을 미워하는 것은 그것이 신의를 어지럽게 할까
걱정해서고, 음란한 정(鄭)나라 음악을 미워한 것은 그것이 바른
음악을 어지럽게 할까 걱정해서고, 자주빛을 미워하는 것은 그것
이 붉은 빛을 어지럽게 할까 걱정해서이고, 위선자를 싫어하는 것
은 그것이 덕을 해칠까 해서이다."라는 말이 孟子에 보인다.

三顧草廬(삼고초려)

촉한(蜀漢)의 유비(劉備)가 제갈공명(諸葛孔明)을 초빙하기 위하
여 그의 초가를 세 번이나 방문하였다. 두 번째까지 만나주지 않
던 제갈공명이 세 번째 유비의 방문을 받고 나서야 몸을 일으켜
군사가 되었다. 성심성의로 청하는 것을 이르는 말이다.

溫故知新(온고지신)

예전에 학습한 것을 바탕으로 하여 새로운 수확을 얻는 것을
이르는 말. 『논어(論語)』에 "옛것을 익혀 새것을 알게 되면 스승으
로 삼을 만하다."라는 말이 있다.

臥薪嘗膽(와신상담)

풀 위에 누워 자고 쓸개를 맛본다는 말로, 잘못된 과거를 잊지
않고 다시 일을 이루기 위하여 노력한다는 뜻이다. 춘추시대(春秋
時代) 오(吳)나라의 임금 부차(夫差)가 월(越)나라를 공격하여 월나

라가 거의 망하였다. 월나라의 임금 구천(句踐)이 침대 위에 풀을 깔고 쓸개를 맛보면서 복수를 위해 노력한 끝에 10년 만에 다시 오나라를 멸망시켰다.

完璧(완벽)

전국시대 조(趙)나라에 화씨벽(和氏璧)이라는 진귀한 보배가 있었는데, 진(秦)나라에서 이를 탐내어 조나라에서 뺏은 15개의 성(城)과 바꾸자고 속였다. 이에 조나라에서 인상여(藺相如)가 화씨벽을 들고 사신으로 진나라에 갔다. 진나라에서 화씨벽을 받고 성을 돌려주려 하지 않자 인상여는 화씨벽에 흠집이 있다 하여 다시 돌려받은 다음, 성을 돌려주지 않고 화씨벽만 빼앗으려 하면 화씨벽과 자신의 머리를 벽에 부딪쳐 박살을 내겠다고 하였다. 이에 인상여가 화씨벽을 빼앗기지 않고 무사히 조나라로 다시 가져올 수 있었다. 옥(璧)을 완전하게 하였다는 뜻에서 완벽이라는 말이 나왔다.

樂山樂水(요산요수)

산을 좋아하고 물을 좋아한다는 뜻. 『논어(論語)』에 "어진 이는 산을 좋아하고 지혜로운 이는 물을 좋아한다.(仁者樂山, 知者樂水)"는 말이 있다. 산과 물을 통하여 어진 마음과 지혜를 기를 수 있다.

愚公移山(우공이산)

고대 중국에 우공(愚公)이라는 사람이 나이가 90세였는데 그 집이 높은 산에 막혀 출입이 불편하였다. 우공이 두 산을 옮길 마음으로 흙과 돌을 담아 발해(渤海)에 버리려고 하였다. 남들이 이를 비웃었지만 우공이 자자손손 흙과 돌을 옮기다보면 언젠가는 산을 다 옮길 수 있다고 하고 포기하지 않았다. 이에 상제가 감동하여 산을 옮겨주었다고 한다. 굳은 의지로 노력하면 모든 일을 이룰 수 있다는 뜻으로 쓰인다.

韋編三絶(위편삼절)

독서에 열중한다는 뜻으로, 공자(孔子)가 만년에 『주역(周易)』을 배우기 시작하였는데 그 책을 매우 열심히 읽어 책을 맨 끈이 세 번이나 끊어졌다고 한다.

一擧兩得(일거양득)

『장자(莊子)』에 나오는 말로, 두 마리 호랑이가 싸우게 되면 힘센 놈은 다치고 약한 놈을 죽게 될 것이므로 싸움이 그친 후에 쉽게 두 마리를 다 잡을 수 있다는 이야기가 있다. 돌 하나로 두 마리 새를 잡는다는 일석이조(一石二鳥)도 같은 의미다.

自暴自棄(자포자기)

절망상태에 빠져 자신을 버리고 돌아보지 않는다는 뜻. 『맹자
(孟子)』에 "스스로에게 포악한 사람과는 대화를 나눌 수 없고 스
스로를 포기히는 사람과는 행동을 함께 할 수 없다. 말로 예와 의
를 비난하는 것을 자포(自暴)라 하고 스스로 인과 의를 지키려 하
지 않는 것을 자기(自棄)라 한다."라는 말이 있다.

猪突(저돌)

저(猪)는 멧돼지라는 글자로, 멧돼지처럼 앞뒤를 가리지 않고
마구 돌진한다는 뜻이다.

轉禍爲福(전화위복)

화가 복이 된다는 말로, 세사의 길흉화복이 돌고 돈다는 뜻이다.
변방에 사는 어떤 사람이 점술에 밝았는데 말이 무단하게 오랑캐
땅으로 도망갔다. 주위에서 위로하자 그 사람은 복이 될 수도 있
다 하였다. 그 후 말이 다른 말을 데리고 돌아오자 주위에서 축하
하였는데 그 사람은 오히려 화가 될 수도 있다고 하였다. 그 사람
의 아들이 그 말을 타다가 다리가 부러지자, 주위에서 다시 위로
하였다. 그 사람은 또 복이 될지도 모른다고 하였다. 얼마 후 오랑
캐가 침입하여 장정들이 동원되어 나가 모두 죽었지만, 다리가 부
러진 아들은 무사할 수 있었다. 새옹지마(塞翁之馬)라고도 한다.

知音(지음)

　백아(伯牙)는 거문고 연주에 뛰어났고 종자기(鍾子期)는 감상을 잘 하여, 백아의 연주 내용을 잘 이해하였다. 그 후 종자기가 죽자 백아는 거문고 줄을 끊고서 다시는 연주를 하지 않았다고 한다. 지음(知音)은 음악을 알아준다는 뜻이다. 지기(知己)는 자기 자신을 알아준다는 뜻으로 같은 말이다. 절친한 우정을 나타낸 성어가 많다. 막역(莫逆)은 어떠한 것도 마음에 거스르지 않는다는 말로 막역지교莫逆之交)에서 나왔다. 관포지교(管鮑之交)도 같은 뜻이다. 관중(管仲)과 포숙아(鮑叔牙)라는 사람이 서로 다른 임금을 섬겨 적대 관계가 되었는데, 관중이 세 번이나 전쟁에서 패하였지만 포숙아는 그를 무능하다고 여기지 않고 오히려 적이었던 그를 등용하도록 임금에게 추천하였다. 이에 관중은 자신을 낳아준 사람은 부모이지만 자신을 알아준 사람은 포숙아라 하였다. 금난지교(金蘭之交)도 같은 말인데 두 사람의 마음이 합한 것이 쇠를 끊을 만큼 날카롭고 난초 향기처럼 아름답다는 뜻에서 나왔다. 수어지교(水魚之交)는 물과 물고기의 사이처럼 절친하다는 뜻이다. 죽마고우(竹馬故友)는 어릴 적 대나무로 만든 장난감 말을 타고 함께 놀던 벗이라는 뜻이다.

集大成(집대성)

여러 사상, 학설, 풍격, 기교 등을 융합하여 스스로 하나의 체계를 이루는 것을 이르는 말이다. 맹자(孟子)는 백이(伯夷), 이윤(伊尹), 유하혜(柳下惠) 같은 성인들이 도를 대성하였고 공자(孔子)가 이를 집대성(集大成)하였다 평가하고, 종을 울려 연주를 시작하고 옥경을 울려 연주를 종료하는 완성된 음악에 비유하였다. 주자(朱子)의 주석에 따르면 여덟 가지의 악기 중에 하나만으로 연주를 마치는 것을 소성이라 하고, 각 악기를 이용한 소성이 다 어우러져 전체로서의 음악이 완성되는 것을 집대성이라 한다고 하였다. 곧 공자(孔子)의 지와 덕이 그처럼 완벽하다는 뜻이다.

千載一遇(천재일우)

천년에 한 번 만난다는 말로, 매우 얻기 어려운 기회를 이르는 말이다. 중국 동진(東晉)의 학자 원굉(袁宏)이 위(魏)나라의 순문약(荀文若)을 찬양하면서 백락(伯樂)이라는 말을 잘 알아보는 사람을 만나지 못하면 천년이 지나도 천리마는 만나지 않는 법이므로, 천년에 한 번 만나게 되는 것이 성군과 현신의 아름다운 만남이라 하였다.

靑出於藍(청출어람)

『순자(荀子)』에 "청색은 쪽풀에서 나왔지만 쪽빛보다 푸르고, 얼음은 물이 그것으로 된 것이지만 물보다 차다."는 데서 나온 말로, 제자가 스승보다 뛰어나다는 뜻으로 쓰인다.

推敲(퇴고)

지은 글을 다시 고치는 것을 이르는 말. 당(唐)나라의 시인 가도(價島)가 과거를 보러 상경하였는데 말 위에서 "새가 못 가의 나무에서 자고, 스님은 달빛 아래 문을 민다.(鳥宿池邊樹, 僧推月下門)"이라는 시를 짓고 민다는 뜻의 '퇴(推)' 대신 두드린다는 뜻의 '고(鼓)'로 바꿀까 생각하다가, 당시 고관이었던 한유(韓愈)와 부딪치게 되었다. 한유는 그 이유를 듣고 가도를 책망하지 않고 '고(鼓)'라고 하는 것이 좋겠다고 하였다.

出師表(출사표)

촉한(蜀漢)의 제갈공명(諸葛孔明)이 유비(劉備)가 죽은 후 위(魏)나라로 원정가면서 자신의 뜻을 적어 유비를 이어 임금이 된 유선(劉禪)에게 올린 글. 천하의 명문으로 알려져 있다. 사(師)는 군대를 이르는 말이고, 표(表)는 문체의 하나다. 오늘은 선거나 경기에 나갈 때 출사표를 던진다고 한다. 선거에 입후보하는 것을 출마라고 하는데, 출마는 말을 타고 전쟁터로 나간다는 뜻을 빈 것이다.

快刀亂麻(쾌도난마)

중국 남북조(南北朝) 시기에 고환(高歡)이라는 승상이 자신의 아들들이 얼마나 총명한지 시험하려고 흩어진 삼을 한 줌씩 주면서 누가 가장 먼저 추리는지 보겠다고 하였다. 다른 아들들은 흐트러진 삼을 한 올 한 올 뽑아서 추리는데, 고양(高洋)이라는 아들은 잘 드는 칼을 가지고 어지러운 것은 잘라버려야 한다면서 흩어진 삼의 끝을 잘라버렸다. 어렵고 복잡한 국면을 과단성 있게 정리하는 것을 이르는 말로 쓰인다.

他山之石(타산지석)

다른 산에 있는 돌이라는 말인데, 『시경(詩經)』에 다른 산에 있는 돌로 옥을 가공할 수 있다고 한 말에서 비롯하였다. 남의 힘을 빌어 자신의 과오를 수정하는 것을 이른다.

風月主人(풍월주인)

산수의 주인이라는 뜻인데, 풍월(風月)은 산수와 같다. 소동파(蘇東坡)가 지은 적벽부(赤壁賦)에 "천지의 만물은 모두 주인이 있으니 내 소유가 아니라면 털끝 하나라도 취하지 않지만 강으로 불어오는 바람과 산 위에 떠 있는 달은, 귀로 들으면 소리가 되고 눈으로 접하면 모습이 되어, 아무리 취하여도 금함이 없고 아무리 써도 고갈되지 않으니, 이는 조물주의 끝없는 창고다."라 하였다.

汗牛充棟(한우충동)

책을 옮기려면 소가 땀을 흘릴 정도이고 집에 쌓아두면 대들보까지 차게 된다는 말로, 책이 많다는 뜻으로 쓰이는 말이다. 중국 당(唐)나라의 학자 유종원(柳宗元)이 공자(孔子)의 춘추에 대한 저술을 모아보니 집에 쌓아두면 집이 꽉 차고 실어내려면 소와 말이 땀을 흘릴 지경이었다는 데서 나왔다.

螢雪之功(형설지공)

중국의 차윤(車胤)이라는 사람이 집이 가난 하여 기름을 얻지 못하여 명주주머니에 반디부리를 담아 그 불빛에 공부를 하여 후대 서재의 창을 형창(螢窓)이라 하였고, 손강(孫康)이라는 사람 역시 가난하여 눈빛에 비추어 책을 읽었는데 후대 서안(書案)을 설안(雪案)이라 부르게 되었다. 형창설안(螢窓雪案)이라고도 한다. 낮에는 밭을 갈고 밤에는 책을 읽는다는 뜻의 주경야독(晝耕夜讀)도 같은 뜻이다. 중국 최광(崔光)이라는 사람이 집안이 가난하지만 학문을 좋아하여 낮에 농사를 짓고 밤에 책을 읽었다는 일화에서 나온 말이다.

畵龍點睛(화룡점정)

말을 하거나 글을 지을 때 한 두 마디 긴요한 말로 중심 내용을 포착한다는 뜻. 중국 고대의 그림을 잘 그리는 한 승려가 절의 벽에 용 네 마리를 그리는데, 모두가 살아 움직이는 듯 하였지만 눈동자를 그리지 않았다. 사람들이 그 이유를 묻자 그 승려는 눈을 그리면 용이 다 날아간다고 하였지만, 사람들은 그 말을 믿지 않았다. 이에 그 승려가 두 마리의 용에 눈을 그려 넣기 시작하자, 갑자기 번개가 치고 우레가 울리더니 벽에 금이 가면서 용이 날아가 버렸고, 눈을 그리지 않은 두 마리만 남아 있게 되었다고 한다.

換骨奪胎(환골탈태)

도교에서 쓰는 말로, 다른 사람의 태를 빼앗아 다시 태어나 평범한 골격을 바꾸어 신선의 골격으로 바꾼다는 뜻이다. 생활태도나 사고방식 등을 완전히 바꾼다는 뜻이다.

膾炙(회자)

가늘게 썬 생선과 잘 익힌 고기를 이르는 말로 좋은 안주가 되므로 누구나 좋아한다. 인구에 회자된다는 것은 곧 시문이나 사물이 사람들에게 매우 사랑받는 것을 이르는 말이다.